Günter Gehl

EUROPA

ISSN 0932-0997

Grundkurse zur politisch-sozialen Bildung

Herausgegeben von

Uwe H. Berlo, Bonn
Helga Braun, Dudweiler
Günter Gehl, Trier
Willibald Meyer, Goldenstedt
Roger Schmidtchen, Saarbrücken

Günter Gehl

EUROPA

Vergangenheit – Gegenwart – Zukunft

dadder

CIP-Titelaufnahme
der Deutschen Bibliothek

Gehl, Günter:

Europa: Vergangenheit - Gegenwart - Zukunft / Günter Gehl. - 3., aktualisierte u. erw. Aufl. - Saarbrücken-Scheidt: Dadder, 1990.

(Grundkurse zur politisch-sozialen Bildung; 2)
ISBN 3-926406-44-5

NE: GT

3., aktualisierte und erweiterte Auflage 1990

Scheidter Straße 5A, D-6601 Saarbrücken-Scheidt
Titelentwurf: Cathrine Edlinger-Kunze, Saarbrücken
Titelsatz: Fotosatz Servet GmbH, Saarbrücken
Druck: arco-druck gmbh, Hallstadt

ISBN 3-926406-44-5

Für Jessica

INHALT

1. EINLEITUNG

Am 25. März 1957 unterzeichneten Belgien, die Bundesrepublik Deutschland, Frankreich, Luxemburg, Italien und die Niederlande die "Römischen Verträge" und gründeten dadurch sechs Jahre nach der Montanunion die Europäische Wirtschaftsgemeinschaft und die Europäische Atomgemeinschaft. Aus der Gemeinschaft der Sechs ist mittlerweile eine Gemeinschaft der Zwölf geworden. Diese Gründung der Europäischen Gemeinschaften war jedoch keine "Erfindung" dieser Zeit, sondern die Geschichte dieser Idee ist bereits wesentlich älter. Die Entwicklung der Europäischen Integration verlief nicht so gradlinig wie dies von den Gründungsvätern gedacht war: "Europa" zeigt sich auch heute nicht immer als ein einheitliches Ganzes, sondern vielmehr als ein Mosaik von derzeit zwölf Staaten, die immer noch häufig ihre nationalen vor gemeinsame europäische Interessen stellen.

Ziel und Aufgabe dieses Buches soll sein, die Geschichte der Entstehung der Europäischen Gemeinschaft, ihre Funktionsweise und einige ihrer bedeutendsten Politikfelder vorzustellen. Dabei soll auch auf die beiden anderen europäischen "Gemeinschaften", EFTA und RgW, kurz eingegangen werden.

2. "EUROPA" - GESCHICHTE EINER IDEE

Die Idee einer europäischen Gemeinsamkeit ist kein Kind des 20. Jahrhunderts, sondern bereits wesentlich älter: Europäisches Bewußtsein wächst bereits seit dem Mittelalter heran.

Grundlage der Idee einer europäischen Gemeinsamkeit war einerseits das Erbe Roms in Form einer kulturellen Gemeinschaft und der Erinnerung an eine politische Einheit. Andererseits waren die Politik Karls des Großen (geb. 742, gest. 814) und die Ergebnisse der Politik im christlichen Europa in den Karl dem Großen folgenden Jahrhunderten ebenso eine Wurzel.

Reich Karls des Großen

Wurde Karl der Große bereits von seinen Zeitgenossen als "Vater Europas" bezeichnet, so wuchs in den nachfolgenden Jahrhunderten gerade angesichts der inneren Uneinigkeit nach der Auflösung des karolingischen Großreiches und während der Auseinandersetzungen zwischen Kaisern und Päpsten, die die europäische Politik im Mittelalter prägten, bei einigen Wortführern des geistigen Europa die Sehnsucht nach europäischer Einheit. Rechtsgelehrte wie der Franzose Pierre Dubois (geb. um 1255, gest. 1321), Dichter wie der Italiener Dante (geb. 1265, gest. 1321), der Humanist Enea Silvio, der spätere Papst Pius II. (geb. 1405, gest. 1464), befaßten sich bereits relativ früh mit der Idee einer europäischen Einigung, wobei die Motive zum Teil verschieden waren. Dubois beispielsweise forderte die Schaffung einer europäischen Einheit, die er als Voraussetzung für den Frieden ansah, der für ihn wiederum Voraussetzung für die Wiedereroberung des Heiligen Landes war. Ähnlich gelagert waren die Motive bei Enea Silvio (Pius II.). Sein Bemühen galt der europäischen Einigung gegen die Türken.

Auch in der Neuzeit befaßten sich bedeutende Philosophen, Gelehrte und Staatsmänner mit der Idee einer europäischen Einigung, so zum Beispiel der König von Böhmen, Georg von Podiebrad (geb. 1420, gest. 1471), der italienische Philosoph Campanella (geb. 1568, gest. 1639), sowie der französische Staatsmann Herzog Maximilian de Béthune (geb. 1560, gest. 1641), der Pläne für einen europäischen Bund entwarf, die als Grand Dessein bekannt geworden sind. Im deutschen Sprachraum wurde diese Idee dann am exaktesten von dem Philosophen Immanuel Kant (geb. 1724, gest. 1804) in seiner Schrift "Vom ewigen Frieden" formuliert.

Stark beeinflußt wurde die Idee eines föderalen Staatenaufbaus durch den amerikanischen Freiheitskampf und die Gründung der Vereinigten Staaten von Amerika.

Insgesamt gesehen lagen den gedanklichen Entwürfen zumeist machtpolitische und/oder friedenssichernde Motive zugrunde.

Seit der Zeit von Adam Smith (geb. 1723, gest. 1790), dem Begründer der klassischen Nationalökonomie, ist die europäische Idee um die wirtschaftliche Ebene erweitert. Smith wie später der deutsche Nationalökonom Friedrich List (geb. 1789, gest. 1846) erkannten nämlich bereits, daß der größte wirtschaftliche Erfolg in der übernationalen Arbeitsteilung zu suchen ist.

Dennoch war in einem Zeitalter des Nationalismus und des Imperialismus die Zeit noch nicht reif, die Verwirklichung der europäischen Idee zu wagen. Dazu bedurfte es noch eines weiteren Jahrhunderts.

2.1 Das 20. Jahrhundert als Zeitalter europäischer Einigungsbemühungen

Das 20. Jahrhundert ist die Epoche, in der schließlich auf allerhöchster Regierungsebene Bestrebungen einsetzten, die "europäische Idee" zu verwirklichen.

2.1.1 Graf Coudenhove-Kalergi, Briand, Stresemann - "Europäische Bestrebungen" in der Zwischenkriegszeit

Das Ergebnis des Ersten Weltkrieges (1914 - 1918) war in seinen Ausmaßen für Mensch und Material verheerend und in der Beträchtlichkeit der Verluste in dieser Höhe bisher unbekannt: Zehn Millionen junge Menschen verloren ihr Leben im Felde, zwanzig Millionen wurden verwundet.

Aufgrund dieser Erfahrung des Ersten Weltkrieges und der Lage nach den Friedensschlüssen wurden in fast allen Staaten Europas Stimmen laut, die einen neuen Anfang unter Zusammenfassung der auseinanderstrebenden Kräfte forderten.

Eine der bedeutendsten Persönlichkeiten, die am engagiertesten die europäische Idee vertraten, war Richard Graf Coudenhove-Kalergi (geb. 1894, gest. 1972), der für eine paneuropäische Union eintrat und im Jahre 1923 die "Paneuropa-Union" gründete. In seinem "Paneuropäischen Manifest" aus dem gleichen Jahr fordert Graf Coudenhove-Kalergi den europäischen Zusammenschluß zur Verhinderung eines weiteren, den Untergang Europas, seiner Kultur und Wissenschaft bedeutenden Krieges und einer Eroberung durch Rußland sowie zur Abwendung eines wirtschaftlichen Ruins.

1927 wurde der damalige französische Außenminister Aristide Briand (geb. 1862, gest. 1932) Ehrenpräsident der "Paneuropa-Union." Briand engagierte sich zusammen mit dem bedeutendsten Außenminister der Weimarer Republik, Gustav Stresemann (geb. 1878, gest. 1929), für eine deutsch-französische Verständigung unter gesamteuropäischen Gesichtspunkten, aber auch unter Wahrung der französischen Sicherheitsinteressen. 1925 wurde der **Locarno-Vertrag** auf Vorschlag Stresemanns in Locarno geschlossen und wenig später in London unterzeichnet. Der Locarno-Pakt war ein Garantievertrag zwischen Deutschland, Frankreich,

Belgien, Großbritannien und Italien, in dem sich die drei erstgenannten Staaten unter Garantie der beiden anderen zur Bestätigung der deutsch-französischen und der deutsch-belgischen Grenze sowie zur Aufrechterhaltung der entmilitarisierten Zone im Rheinland unter Verzicht auf gewaltsame Revisionen und unter Anerkennung eines Schiedsgerichts in Streitfällen verpflichteten. Der Locarno-Vertrag war ein gewichtiger Bestandteil der Verständigungspolitik Stresemanns und die Voraussetzung für die Aufnahme Deutschlands in den Völkerbund 1926. Aristide Briand war auch Initiator des 1928 geschlossenen **Briand-Kellogg-Paktes** zur Ächtung des Krieges. - Frank Kellogg (geb. 1856, gest. 1937) war zu dieser Zeit amerikanischer Außenminister.

In diesem Vertragswerk, das zunächst 15 Staaten, unter ihnen Frankreich, Deutschland, Großbritannien, Italien, UdSSR und die USA unterzeichneten, und dem insgesamt 63 Staaten beitraten, verzichteten die Unterzeichner auf den Krieg als Mittel zum Austragen ihrer Streitigkeiten und unterwarfen sich einem Schiedsgericht. Die Verletzung des Briand-Kellogg-Paktes war schließlich einer der Hauptanklagepunkte in den Nürnberger Prozessen (1945 - 1949).

Locarno-Vertrag und Briand-Kellogg-Pakt sind in ihrer angestrebten friedenssichernden Funktion ohne weiteres in Verbindung zu ähnlichen Forderungen des paneuropäischen Manifests zu sehen.

In einer Rede vor dem Völkerbund im Jahre 1930 verschaffte Briand seinem Europagedanken vor der Weltöffentlichkeit erstmals weite Beachtung. In dem als **Briand-Plan** bekanntgewordenen Memorandum wurde, basierend auf dem Friedensgedanken, eine föderative Verbindung zwischen den europäischen Staaten vorgeschlagen, wobei allerdings die Souveränität der Mitglieder dieser Föderation nicht beeinträchtigt werden sollte. Als wichtigstes Gebiet der Zusammenarbeit sah Briand die Wirtschaft an. Der Briand-Plan scheiterte. Verschiedene Faktoren trugen dazu bei:

- Insgesamt gesehen waren die Tendenzen zur Überwindung (der immer noch) nationalstaatlich bestimmten Politik viel zu schwach, um sich durchsetzen zu können. Auch Briand verstand sich, ebenso wie übrigens Stresemann, als nationaler Politiker, der auf internationale Ziele gerichtete Tendenzen für nationalstaatliche Zwecke nutzte.
- Die Weltwirtschaftskrise, von der alle europäischen Staaten stark betroffen waren, war ebenso einer Verwirklichung der übernational ausgerichteten europäischen Idee wenig nützlich.

- Hinzu kam die Entstehung und Verfestigung nicht-demokratischer, totalitärer Regime in den zwanziger und vor allem in den dreißiger Jahren in Italien (seit 1922 Mussolini), in Portugal (seit 1932 Salazar), in Deutschland (seit 1933 Hitler) und in Spanien (seit 1939 Franco), die ebenfalls einer Föderation der Staaten Europas im Wege standen.

2.1.2 Europäische Einigungsbestrebungen während und in den Jahren nach dem Zweiten Weltkrieg

Allem Anschein nach bedurfte es eines weiteren, in seinen Ausmaßen noch verheerenderen Krieges, in dessen Verlauf bzw. als dessen Folge weltweit 55 Millionen Menschen ums Leben kamen, davon 27 Millionen im Felde, um Schritte zur Überwindung der nationalstaatlichen Teilung der Völker Europas zu unternehmen. Darüber hinaus gab es aber auch noch andere Motoren einer (west-)europäischen Einigung, auf die im folgenden einzugehen ist.

Antriebskräfte der (west-)europäischen Einigung

Noch während des Zweiten Weltkriegs (1939 - 1945) wuchs in der Widerstandsbewegung und bei Exilpolitikern die Einsicht, daß das nationalstaatlich ausgerichtete System der Staaten in Europa zumindest nicht mehr zeitgemäß wäre und immer wieder neue Kriege hervorbringen würde. Schon im Sommer 1942 forderte dementsprechend die "Mouvement de Libération Française" die "Vereinigten Staaten von Europa."

Am Ende des Krieges gelangten einige dieser Widerstandskämpfer und Exilpolitiker in führende Positionen und setzten sich für die Verwirklichung ihrer Europa-Ideen ein. Hierzu gehörten so bedeutende Persönlichkeiten wie der spätere italienische Ministerpräsident und Außenminister Alcide de Gasperi (geb. 1881, gest. 1954) oder der spätere belgische Außenminister und Ministerpräsident Paul-Henri Spaak (geb. 1889, gest. 1972) oder Léon Blum (geb. 1872, gest. 1950), vor und nach dem Krieg französischer Ministerpräsident oder der spätere französische Außenminister und Ministerpräsident Robert Schuman (geb. 1886, gest. 1963).

Das Ingangsetzen eines Prozesses der Kooperation und der Integration in Europa stand von Anfang an in voller Übereinstimmung mit den Grundsätzen und Zielen der 1945 gegründeten Vereinten Nationen (UNO). Die

UNO sollte nach Art. 52 ihrer Charta durch regionale Zusammenschlüsse gestärkt und gefördert werden. Dabei ging man davon aus, daß die Schaffung eines europäischen regionalen Zusammenschlusses dazu beitragen würde, das in der UN-Charta entworfene System der kollektiven Sicherheit zu stärken, das heißt, den Frieden in der Welt zu sichern und gesellschaftlichen sowie wirtschaftlichen Fortschritt in Gang zu setzen.

In diesem Zusammenhang ist auch die Rede des britischen Kriegspremierministers Sir Winston Churchill (geb. 1874, gest. 1965) in Zürich im Herbst 1946 zu sehen, in der er die "Vereinigten Staaten von Europa" forderte. Als ersten Schritt sah er dazu die Gründung eines Europarates, wobei Frankreich und Deutschland nach Churchills Auffassung die Führung übernehmen sollten.

Wenig später, im Frühjahr 1947, trafen sich in Den Haag führende Politiker verschiedener europäischer Staaten und diskutierten den weiter einzuschlagenden Weg einer europäischen Einigung. Ihre wichtigsten Forderungen waren: Schaffung der politischen und wirtschaftlichen Einheit; Bestellung einer europäischen Delegiertenversammlung; Einrichtung eines Europäischen Gerichtshofes zum Schutz der Menschenrechte.

Auf breiter Ebene setzte sich zunehmend die Erkenntnis durch, daß in gegeneinander abgeschotteten Nationalstaaten eine wirkliche Entfaltung von Wirtschaft, Wissenschaft und Technologie nicht in einem entsprechenden Ausmaß möglich sei.

Darüber hinaus muß die Diskussion um die europäische Einigung auch gesehen werden im Zusammenhang mit dem entstehenden Ost-West-Konflikt: Häufig wurde nämlich die Ansicht vertreten, Europa könnte sich als sogenannte "Dritte Kraft" entwickeln. Diese Vorstellung beinhaltete dabei sowohl eine außen- wie eine innenpolitische Ebene. Außenpolitisch knüpfte man an die Hoffnung an, Europa könnte zwischen den Flügelmächten USA und UdSSR eine Brückenfunktion einnehmen. Innenpolitisch wurde an einen dritten Weg zwischen Kommunismus und Kapitalismus gedacht.

Der bedeutendste Motor für die Verwirklichung der Europa-Idee waren jedoch äußere Einflüsse, genauer gesagt, der politische Druck, den die USA auf die europäischen Politiker ausübten. Die USA legten die Grundlage gemeinsamer europäischer Institutionen, indem sie die Vergabe der **Marshall-Plan**- und anderer Hilfsmittel an die Bedingung knüpften, gemeinsame europäische Behörden zu schaffen: 1948 wurde die OEEC (Organization for European Economic Cooperation, Organisation für europäische wirtschaftliche Zusammenarbeit) gegründet. Zu ihren Zielen zählte vor allem die Abstimmung der verschiedenen nationalen Pläne für den wirtschaftlichen Wiederaufbau nach dem Kriege in Zusammenhang mit der Marshall-Plan-Hilfe der USA. Seit 1961 ist die OECD (Organization for Economic Cooperation and Development, Organisation für wirtschaftliche Zusammenarbeit und Entwicklung) mit Sitz in Paris die Nachfolgeorganisation. Die OECD ist bedeutend bei der wirtschaftlichen Abstimmung und Zusammenarbeit zwischen den 24 Mitgliedsländern, zu denen alle wichtigen westlichen Industrieländer gehören.

Die programmatischen Diskussionen um die europäische Einigung

Trotz der Appelle von Blum, Churchill, De Gasperi, Spaak waren die Diskussionen, wie die Europäische Einigung zu verwirklichen sei, langwierig und gegensätzlich. Denn strittig war vor allem die Frage des anzustrebenden Endziels. Zur Debatte standen zwei Konzepte: **Föderation** oder **Konföderation**.

Föderation hätte einen Bundesstaat auf parlamentarischer Grundlage bedeutet, mit Organen, die von den jeweiligen nationalen Regierungen unabhängig gewesen wären. Nach diesem Konzept sollten ein europäisches Parlament mit europäischen Parteien, ein oberster Gerichtshof, eine gemeinsame Armee, eine gemeinsame Polizeimacht und eine gemeinsame Regierungsverantwortlichkeit gegenüber allen europäischen Gruppen geschaffen werden. Dieses Konzept scheiterte. Der Grund war vor allem der Widerstand des auf Unabhängigkeit und Eigenständigkeit beharrenden Großbritannien, das die Schaffung einer europäischen Konföderation befürwortete.

Konföderation hätte bedeutet, daß ein eher loser auf Zusammenarbeit beruhender Staatenbund mit minimalem Souveränitätsverzicht und folglich mit bestimmendem Einfluß der nationalen Regierungen geschaffen worden wäre. Unter dem Slogan "**Kooperativer Unionismus**" schlug Großbritannien enge Zusammenarbeit der Regierungen, die Einberufung beratender Versammlungen und die Gründung internationaler Sekretariate vor. Jedoch wollten die Briten Kooperation ohne Zusammenschluß.

Am 5. Mai 1949 wurde als Gremium multinationaler Zusammenarbeit auf Drängen Großbritanniens von zehn westeuropäischen, liberal-demokratisch orientierten Ländern der Europarat gegründet, der in der Diskussion um Föderation oder Konföderation als Ziel europäischer Einigung zu dieser Zeit das wichtigste Forum war. Die Organe des Europarates sind:

- Ministerausschuß,
- Beratende Versammlung und
- Generalsekretariat.

Die Beratende Versammlung, deren Mitglieder von den mittlerweile 23 nationalen Parlamenten - Ungarn hat am 16. November 1989 als erster Staat, der Mitglied des Warschauer Pakts und des Rates für gegenseitige Wirtschaftshilfe ist, einen Aufnahmeantrag gestellt - gewählt werden, tritt dreimal jährlich zusammen und kann nur Empfehlungen aussprechen. Der Ministerausschuß, dem die Außenminister angehören, entscheidet darüber, ob die Empfehlungen der Versammlung an die Mitgliedsstaaten verbindlich weitergegeben werden. Um Gültigkeit zu erlangen, müssen die Beschlüsse (Empfehlungen) des Europarates von den nationalen Parlamenten ratifiziert werden. Der Europarat war im Sinne einer Weiterführung der europäischen Einigung nicht erfolgreich. Auf dem Gebiet der Vereinheitlichung von Rechtsgrundlagen hat er sich aber durch eine Vielzahl von Vereinbarungen Verdienste erworben. Als die beiden bedeutendsten Ergebnisse sind die "Europäische Konvention zum Schutz der Menschenrechte und Grundfreiheiten" (1950) und die Sozial-Charta (1961) anzusehen.

Die Uneinigkeit über das anzustrebende Ziel der europäischen Einigung - Föderation oder Konföderation - konnte auch im Europarat nicht überwunden werden. Dies sollte schließlich Bedeutung haben für den weiteren Integrationsprozeß, dessen erster Ausdruck die Gründung der Montanunion war. Damit begann die Institutionalisierung der Europa-Idee.

2.2 Auf dem Weg zur Europäischen Gemeinschaft

Aus dem nicht aufzulösenden Widerstreit über das in Europa anzustrebende Endziel entwickelte sich schließlich der Ansatz des "**Europäischen supranationalen Funktionalismus**." Angesichts der Tatsache, daß der Europarat auf der herkömmlichen Stufe zwischenstaatlicher Zusammenarbeit stehen blieb, war dieser dritte Ansatz revolutionär: Er hatte eine echte Integration, das heißt, eine Vereinigung nationaler Hoheitsgewalten zu einem übergeordneten europäischen Ganzen zum Ziel. Dieser supranationale Funktionalismus suchte die politische Einigung über die sektorale Integration zu erreichen: Am Anfang sollte die schrittweise Einigung im wirtschaftlichen und im wissenschaftlich-technischen Bereich (Sektor) stehen. Die politische Einigung soll hingegen, sozusagen "krönender" Abschluß dieser schrittweisen Teilintegration sein.

Ob allerdings dieser Ansatz des europäischen supranationalen Funktionalismus im weiteren Prozeß europäischer Einigungsbemühungen beibehalten wurde bzw. beibehalten werden konnte, soll nun im folgenden beschrieben werden.

2.2.1 Die Gründung der Montanunion

"Eine Entität wird nicht durch die Addition von Souveränitäten geschaffen, die sich in einem Rat versammeln. Das wirkliche Europa muß man anstreben durch die Schaffung gemeinsamer ökonomischer Grundbedingungen und zugleich durch die Installierung neuer Autoritäten, die von den nationalen Souveränitäten anerkannt werden."

Mit diesen Worten begründete Jean Monnet (geb. 1888, gest. 1979), Leiter des französischen Planungsamtes, gegenüber Robert Schuman am 3. Mai 1950 seinen Vorschlag, "durch eine unmittelbare Aktion, die auf einen wesentlichen Punkt abzielt, zunächst den besonders geeigneten Montansektor einer supranationalen Behörde zu unterstellen" (Walter LIPGENS 1974, S. 527).

Robert Schuman erkannte bereits frühzeitig das Dilemma der Debatte im und um den Europarat. In seiner berühmten Erklärung vom 9. Mai 1950 schlug Schuman - unter Aufgreifen der Gedanken Jean Monnets - die Unterstellung der Gesamtheit der französisch-deutschen Kohle- und Stahlproduktion unter eine gemeinsame Hohe Behörde in einer Organisation vor, die auch anderen Ländern offenstehen sollte. Dieser Plan, der sogenannte "**Schuman-Plan**", gelegentlich auch als "Monnet-Plan" bezeichnet, stellt somit den Versuch dar, an praktischen Interessen und an der politischen und militärischen Bedeutung eines zentralen Wirtschaftssektors, der Montanindustrie, den Hebel anzusetzen, um mit der Verwirklichung einer supranational angelegten, teilweise ökonomischen Integration die spätere politische Einigung zu ermöglichen. Dazu sollte nach dem Willen Schumans und auch weiterer führender Politiker in Belgien, der Bundesrepublik Deutschland, Italien, Luxemburg und den Niederlanden erstmals eine supranationale Institution mit der Aufgabe eines gemeinsamen Marktes für Kohle, Stahl und Eisen geschaffen werden.

Großbritannien und die skandinavischen Länder verzichteten auf eine Beteiligung an den Verhandlungen. Diese Staaten lehnten die Abgabe von Rechten ihrer nationalen Parlamente, selbst für einen beschränkten Sektor, ab. Sie wollten auch einem möglichen supranationalen Zusammenschluß keinen Vorschub leisten. Die neutralen Staaten - Schweiz (neutral seit 1815), Schweden (neutral seit 1815), Finnland (neutral seit 1948), 1955 kam noch Österreich dazu - nahmen ebenfalls nicht an den Verhandlungen teil.

Diese begannen am 20. Juni 1950. In sehr kurzer Zeit war eine Einigung erzielt. am 18. April 1951 wurde bereits der Vertrag zur Gründung der **Europäischen Gemeinschaft für Kohle und Stahl** (EGKS; Montanunion) in Paris unterzeichnet. Er trat am 23. Juli 1952 in Kraft und wurde nach anderthalbjähriger Übergangszeit voll angewandt.

Die Organe der Montanunion waren: **Hohe Behörde**, der ein beratender Ausschuß zur Seite gestellt war, **Gemeinsame Versammlung, Besonderer Ministerrat, Gerichtshof**.

Die Hohe Behörde besaß unmittelbare Hoheitsbefugnisse gegenüber den Montanunternehmen und war damit das erste supranationale Organ in der Geschichte der europäischen Integration. Die Hohe Behörde sollte die weitgesteckten Zielsetzungen, wie sie im EGKS-Vertrag festgelegt waren, verwirklichen:
- Schaffung eines gemeinsamen Marktes für Kohle, Stahl und Schrott;
- Abbau von Zöllen und Kontingentierungen;
- Freizügigkeit im Personen- und Kapitalverkehr;
- Verhinderung von Kartellen;
- Rationalisierung von Produktion und Verteilung der Güter in der Gemeinschaft;
- Förderung der Investitionen.

Mit der Europäischen Gemeinschaft für Kohle und Stahl war also zum ersten Mal in Europa eine supranationale Institution gegründet worden, wenn auch nur auf einem begrenzten wirtschaftlichen Teilgebiet. Entsprechend der Theorie des europäischen supranationalen Funktionalismus sollte ein Sekundäreffekt mit eingebaut sein: Bei einem Erfolg der EGKS hätte nach Auffassung der Initiatoren eine Tendenz entstehen müssen, die auch andere Branchen in die gleiche Richtung drängen würde.

Die Wirtschaft als Motor der europäischen Einigung war in dieser Zeit die Hoffnung, der man anhing. Was in einem ersten Anlauf auf der Ebene des Europarats nicht gelang, sollte nun auf dem Wege über die Wirtschaft verwirklicht werden.

2.2.2 Der weitere Integrationsprozeß und das Dilemma um EVG und EPG

Noch in der Gründungsphase der EGKS gingen die Bemühungen um die europäische Einigung weiter, die von den USA, nicht zuletzt aus militärischen Gründen, stark gefördert wurden. Denn der durch den Korea-Krieg (1950 - 1953) verstärkte Ost-West-Konflikt verfehlte seine Wirkung nicht. Vor allem die USA und auch Großbritannien drängten in diesem Zusammenhang die europäischen Verbündeten auf eine Beteiligung der Bundesrepublik Deutschland an einer Verteidigung Europas. Jedoch war so kurz nach dem Zweiten Weltkrieg das Mißtrauen gegen die Deutschen noch nicht abgebaut. Aber auch in der noch jungen und noch nicht souveränen Bundesrepublik Deutschland selbst erhob sich starker Widerstand gegen eine deutsche Wiederaufrüstung.

In dieser Situation machte dann der französische Verteidigungsminister René Pleven (geb. 1901) den Vorschlag, ähnlich der EGKS, eine **Europäische Verteidigungsgemeinschaft (EVG)** zu gründen. Am 27. Mai 1952 konnte nach vielen Schwierigkeiten der Vertrag über die Gründung der EVG unterzeichnet werden. Nach diesem Vertrag sollten die nationalen Streitkräfte der Mitgliedsstaaten unter einen gemeinsamen Oberbefehl sowie supranational organisierten Führungs- und Logistikstäben verschmolzen werden.

Die Parlamente Belgiens, der Bundesrepublik Deutschland, Italiens, Luxemburgs und der Niederlande ratifizierten (bestätigten) das Vertragswerk, während in Frankreich der Widerstand gegen eine Ratifizierung wuchs. Man befürchtete eine Einbuße an nationaler Souveränität und hatte grundsätzliche Bedenken wegen der Beteiligung deutschen Militärs. Hinzu kam noch, daß angesichts des beendeten Korea-Krieges 1953 und der Beendigung des französischen Engagements in Indochina 1954 überhaupt die Notwendigkeit einer westeuropäischen militärischen Integration angezweifelt wurde. So fand sich dann auch am 30. August 1954 in der französischen Nationalversammlung keine Mehrheit mehr für den EVG-Vertrag.

Mit dem Scheitern der EVG war auch das Projekt der **Europäischen Politischen Gemeinschaft (EPG)** gescheitert. Dieses war am 10. September 1952 in die Wege geleitet worden. An diesem Tag beschloß der Besondere Ministerrat der EGKS, zur Überwindung der Probleme bei der Ratifizierung des EVG-Vertrages die Gemeinsame Versammlung zu beauftragen, ein europäisches politisches Statut, d. h. eine Satzung für eine Europäische Politische Gemeinschaft, zu erarbeiten. Nach Annahme dieses Auftrages bildete die Gemeinsame Versammlung am 13. September 1952 eine Ad-hoc-Versammlung, die ihrerseits einen Verfassungsausschuß wählte. Der von diesem ausgearbeitete Entwurf wurde von der Adhoc-Versammlung geprüft, ergänzt und am 10. März 1953 mit überwältigender Mehrheit angenommen. Der Vertragsentwurf sah die Gründung einer übernationalen politischen Autorität vor. Im wesentlichen baute die Satzung auf dem EGKS-Vertrag und dem EVG-Vertrag auf. Nach einer Übergangszeit von fünf Jahren sollten EGKS, EVG und EPG zu einer Einheit verschmolzen werden.

Mit dem Scheitern des EVG-Vertrages und des EPG-Projektes scheiterte schließlich auch das supranational ausgerichtete Konzept der europäischen Einigung. Die supranationale Integration Europas ist seitdem nie mehr mit gleicher Stärke betrieben worden.

Wie sollte es nun weitergehen?

2.2.3 "Europa" nach Scheitern von EVG und EPG

Die militärpolitischen Konsequenzen konnten durch die Pariser Verträge vom 23. Oktober 1954 aufgefangen werden. Aufgrund dieser verschiedenen Abkommen stellte die Bundesrepublik Deutschland eine eigene Armee auf und wurde Mitglied der NATO. In den Pariser Verträgen wurde der Brüsseler Pakt (Mitglieder: Benelux-Staaten, Frankreich, Großbritannien) in die Westeuropäische Union (WEU) umgewandelt werden. Gegenüber dem Brüsseler Pakt gehören der WEU noch Italien und die

Bundesrepublik Deutschland als Mitglieder an. Die Ziele der WEU sind die Aufrechterhaltung des Friedens in Europa und die Förderung der politischen, wirtschaftlichen und kulturellen Zusammenarbeit. Für die WEU-Mitgliedstaaten gilt automatische Beistandspflicht im Falle eines Angriffes auf eines der Mitglieder.

Sehr bald nach dem Scheitern von EVG und EPG ergriffen die sechs Mitgliedsstaaten der Montanunion wieder die Initiative, diesmal im wirtschaftlichen Bereich. Auf der Sitzung des Besonderen Ministerrats der EGKS am 1. und 2. Juni 1955 in Messina beschlossen die Außenminister die Einsetzung eines Sachverständigenausschusses, der Vorschläge für die Fortsetzung der europäischen Integration ausarbeiten sollte. Fast ein Jahr später legte der Ausschuß seinen Bericht, den nach seinem Vorsitzenden benannten Spaak-Bericht, vor. In diesem Dokument wurde ein Rückstand auf wirtschaftlich-technischem Gebiet und auf dem Gebiet der Atomenergie festgestellt. Deshalb schlug der Ausschuß die Gründung zweier europäischer Gemeinschaften, der Europäischen Wirtschaftsgemeinschaft und der Europäischen Atomgemeinschaft vor.

Die Verträge wurden ausgearbeitet und am 25. März 1957 in Rom paraphiert und noch im gleichen Jahr durch die sechs nationalen Parlamente ratifiziert. Zum 1. Januar 1958 traten die "Römischen Verträge" in Kraft.

2.3 Die "Römischen Verträge" als neues Stadium der europäischen Integrationspolitik

Mit den "Römischen Verträgen" wurden **Europäische Wirtschaftsgemeinschaft (EWG)** und **Europäische Atomgemeinschaft (Euratom)** gegründet. Damit verzichteten die sechs Vertragsstaaten - Belgien, Bundesrepublik Deutschland, Frankreich, Italien, Luxemburg, Niederlande - zunächst auf das politische Ziel des europäischen Bundesstaates. Sie konzentrierten sich vielmehr auf scheinbar unpolitische Bereiche: Verflechtung der Wirtschaften der Mitgliedsstaaten einerseits und Beseitigung des besonders sichtbaren Rückstandes auf dem Gebiet der Atomenergie andererseits.

Welche Ziele verfolgt der EWG-Vertrag?

Diese sind in der Präambel niedergelegt:
"Seine Majestät, der König der Belgier, der Präsident der Bundesrepublik Deutschland, der Präsident der Französischen Republik, der Präsident der Italienischen Republik, Ihre Königliche Hoheit, die Großherzogin von Luxemburg, Ihre Majestät, die Königin der Niederlande
in dem festen Willen, die Grundlagen für einen immer engereren Zusammenschluß der europäischen Völker zu schaffen,
entschlossen, durch gemeinsames Handeln den wirtschaftlichen und sozialen Fortschritt ihrer Länder zu sichern, indem sie die Europa trennenden Schranken beseitigen,
in dem Vorsatz, die stetige Besserung der Lebens- und Beschäftigungsbedingungen ihrer Völker als wesentliches Ziel anzustreben,
in der Erkenntnis, daß zur Beseitigung der bestehenden Hindernisse ein einverständliches Vorgehen erforderlich ist, um eine beständige Wirtschaftsausweitung, einen ausgewogenen Handelsverkehr und einen redlichen Wettbewerb zu gewährleisten,
in dem Bestreben, ihre Volkswirtschaften zu einigen und deren harmonische Entwicklung zu fördern, indem sie den Abstand zwischen einzelnen Gebieten und den Rückstand weniger begünstigter Gebiete verringern,
in dem Wunsch, durch eine gemeinsame Handelspolitik zur fortschreitenden Beseitigung der Beschränkungen im zwischenstaatlichen Wirtschaftsverkehr beizutragen,
in der Absicht, die Verbundenheit Europas mit den überseeischen Ländern zu bekräftigen und in dem Wunsch, entsprechend den Grundsätzen der Satzung der Vereinten Nationen den Wohlstand der überseeischen Länder zu fördern,
entschlossen, durch diesen Zusammenschluß ihrer Wirtschaftskräfte Frieden und Freiheit zu wahren und zu festigen, und mit der Aufforderung an die anderen Völker Europas, die sich zu dem gleichen hohen Ziel bekennen, sich diesen Bestrebungen anzuschließen -
haben beschlossen, eine Europäische Wirtschaftsgemeinschaft zu gründen; ...."

Welche Aufgaben hat die EWG?

Nach Art. 2 des EWG-Vertrages soll die Gemeinschaft "durch die Errichtung eines gemeinsamen Marktes und die schrittweise Annäherung der Wirtschaftspolitik der Mitgliedsstaaten eine harmonische Entwicklung des Wirtschaftslebens innerhalb der Gemeinschaft, eine beständige und ausgewogene Wirtschaftsausweitung, eine größere Stabilität, eine beschleunigte Hebung der Lebenshaltung und engere Beziehung zwischen den Staaten ..." fördern.

Welche Maßnahmen soll die Tätigkeit der EWG umfassen?

Nach Art. 3 EWG-Vertrag soll die Tätigkeit der Gemeinschaft unter anderem umfassen:
- die Abschaffung der Zölle und mengenmäßigen Beschränkungen bei der Ein- und Ausfuhr von Waren sowie aller sonstigen Maßnahmen gleicher Wirkung;
- "die Einführung eines Gemeinsamen Zolltarifs und einer gemeinsamen Handelspolitik gegenüber dritten Ländern";
- "die Beseitigung der Hindernisse für den freien Personen-, Dienstleistungs- und Kapitalverkehr zwischen den Mitgliedsstaaten";
- "die Einführung einer gemeinsamen Politik auf dem Gebiet der Landwirtschaft";
- "die Einführung einer gemeinsamen Politik auf dem Gebiet des Verkehrs";
- "die Errichtung eines Systems, das den Wettbewerb innerhalb des Gemeinsamen Marktes vor Verfälschungen schützt";
- "die Schaffung eines Europäischen Sozialfonds, um die Beschäftigungsmöglichkeiten der Arbeitnehmer zu verbessern und zur Hebung ihrer Lebenshaltung beizutragen."

Nach Art. 8 sollte der Gemeinsame Markt in einer Übergangszeit von zwölf Jahren schrittweise verwirklicht werden.

Grundlage der Gemeinschaft soll dabei nach Art. 9 eine Zollunion, die sich auf den gesamten Warenverkehr erstreckt, sein. Zwischen den Mitgliedsländern ist die Erhebung von Ein- und Ausfuhrzöllen sowie von Abgaben gleicher Wirkung verboten. Gegenüber Drittländern sollte ein Gemeinsamer Zolltarif eingeführt werden.

Art. 7 und Art. 48 begründen die Freizügigkeit der Arbeitnehmer innerhalb der Grenzen der EWG.

Nach Art. 4 EWG-Vertrag sollen folgende Organe die der Gemeinschaft zugewiesenen Aufgaben wahrnehmen:

- Versammlung
- Rat
- Kommission
- Gerichtshof

Ein Wirtschafts- und Sozialausschuß soll Rat und Kommission in entsprechenden Angelegenheiten beraten.

Welche Funktion haben die Mitgliedsstaaten?

Hierzu erteilt Art. 5 EWG-Vertrag Auskunft:
"Die Mitgliedsstaaten treffen alle geeigneten Maßnahmen allgemeiner oder besonderer Art zur Erfüllung der Verpflichtungen, die sich aus diesem Vertrag oder aus Handlungen der Organe der Gemeinschaft ergeben. Sie erleichtern diesen die Erfüllung ihrer Aufgabe. Sie unterlassen alle Maßnahmen, welche die Verwirklichung der Ziele dieses Vertrags gefährden könnte."

Ergänzend nimmt Art. 6 EWG-Vertrag Stellung:
"(1) Die Mitgliedsstaaten koordinieren in enger Zusammenarbeit mit den Organen der Gemeinschaft ihre Wirtschaftspolitik, soweit dies zur Erreichung der Ziele dieses Vertrages erforderlich ist.
(2) Die Organe der Gemeinschaft achten darauf, die innere und äußere finanzielle Stabilität der Mitgliedsstaaten nicht zu gefährden."

Welche Ziele verfolgt der Euratom-Vertrag?

Nach der Präambel ist Ziel einerseits .".. die Voraussetzungen für die Entwicklung einer mächtigen Kernindustrie zu schaffen, welche die Energieerzeugung erweitert, die Technik modernisiert und auf zahlreichen anderen Gebieten zum Wohlstand ihrer Völker beiträgt ...", andererseits "... die Sicherheiten zu schaffen, um alle Gefahren für das Leben und die Gesundheit ihrer Völker auszuschließen."

Welche Aufgaben hat die Euratom?

"Aufgabe der Atomgemeinschaft ist es, durch die Schaffung der für die schnelle Bildung und Entwicklung von Kernindustrien erforderlichen Voraussetzungen zur Hebung der Lebenshaltung in den Mitgliedsstaaten und zur Entwicklung der Beziehungen mit den anderen Ländern beizutragen" (Art. 1 Euratom-Vertrag).

Zur Erfüllung ihrer Aufgaben hat die Euratom entsprechend dem Vertrag

"a) die Forschung zu entwickeln und die Verbreitung der technischen Kenntnisse sicherzustellen;
b) einheitliche Sicherheitsnormen für den Gesundheitsschutz der Bevölkerung und der Arbeitskräfte aufzustellen und für ihre Anwendung zu sorgen;
c) die Investitionen zu erleichtern und, insbesondere durch Förderung der Initiative der Unternehmen, die Schaffung der wesentlichen Anlagen sicherzustellen, die für die Entwicklung der Kernenergie in der Gemeinschaft notwendig sind;
d) für regelmäßige und gerechte Versorgung aller Benutzer der Gemeinschaft mit Erzen und Kernbrennstoffen Sorge zu tragen;
e) durch geeignete Überwachung zu gewährleisten, daß die Kernstoffe nicht anderen als den vorgesehenen Zwecken zugeführt werden;
f) das ihr zuerkannte Eigentumsrecht an besonderen spaltbaren Stoffen auszuüben;
g) ausgedehnte Absatzmärkte und den Zugang zu den besten technischen Mitteln sicherzustellen, und zwar durch die Schaffung eines Gemeinsamen Marktes für die besonderen auf dem Kerngebiet verwendeten Stoffe und Ausrüstungen, durch den freien Kapitalverkehr für Investitionen auf dem Kerngebiet und durch die Freiheit der Beschäftigung für die Fachkräfte innerhalb der Gemeinschaft;
h) zu den anderen Ländern und den zwischenstaatlichen Einrichtungen alle Verbindungen herzustellen, die geeignet sind, den Fortschritt bei der friedlichen Verwendung der Kernenergie zu fördern" (Art. 2 Euratom-Vertrag).

Nach Art. 3 sollten die Aufgaben durch die folgenden Organe wahrgenommen werden:

- Versammlung
- Rat
- Kommission
- Gerichtshof

Rat und Kommission sollen von dem Wirtschafts- und Sozialausschuß beratend unterstützt werden.

Das dritte Vertragswerk der "Römischen Verträge" war das "Abkommen über gemeinsame Organe der Europäischen Gemeinschaften", durch das einige der Organe von EGKS, EWG und Euratom zusammengefaßt wurden: Versammlung, die sich in ihrer konstituierenden Sitzung in "Europäisches Parlament" umbenannte, Gerichtshof sowie Wirtschafts- und Sozialausschuß.

Auf die weitere Entwicklung der Europäischen Gemeinschaften soll in einem der folgenden Kapitel noch ausführlich eingegangen werden.

2.4 Die Arbeitsweise der Europäischen Gemeinschaft

Die Europäische Gemeinschaft ist kein nationalstaatliches Gebilde. Trotz allem nimmt sie in einigen Bereichen Funktionen wahr, die üblicherweise nur jenen zukommen. Rechtsgrundlage der EG sind die drei Verträge: EGKS-Vertrag, EWG-Vertrag und Euratom-Vertrag. Diese statten die einzelnen Gemeinschaften mit Organen aus. Aufgrund des "Abkommens über gemeinsame Organe für die Europäischen Gemeinschaften" vom 25. März 1957 und des "Abkommens zur Einsetzung eines gemeinsamen Rates und einer gemeinsamen Kommission der Europäischen Gemeinschaften" **(Fusionsvertrag)** vom 8. April 1965 bestehen heute die folgenden gemeinsamen Organe:

- Rat
- Kommission
- Versammlung/Parlament
- Gerichtshof
- Wirtschafts- und Sozialausschuß.

Vorgesehen war und ist immer noch eine Fusionierung der drei Gemeinschaften, die jedoch bis heute noch nicht verwirklicht werden konnte. Das heißt: Durch die Schaffung des gemeinsamen institutionellen Daches, die Zusammenfassung der Organe, wurde die Selbständigkeit der drei Gemeinschaften nicht berührt.

Vorläufig arbeiten die einzelnen Organe nach der Vereinbarung der Regierungen anläßlich des Fusionsvertrages vom 8. April 1965 an folgenden Orten:
- der Rat, auch als Ministerrat bezeichnet, in Brüssel, in den Monaten April, Juni und Oktober in Luxemburg;
- die Kommission in Brüssel;
- das Europäische Parlament abwechselnd in Luxemburg und in Straßburg, die Ausschüsse zumeist in Brüssel; nach einem Beschluß des Europäischen Parlaments finden die Arbeitssitzungen des Plenums jetzt nur noch in Straßburg statt, kleinere Sitzungen auch in Luxemburg;
- der Europäische Gerichtshof in Luxemburg;
- der Wirtschafts- und Sozialausschuß in Brüssel.

2.4.1 Ministerrat

Der Ministerrat setzt sich aus je einem Mitglied der Regierungen der Mitgliedsstaaten zusammen. Dabei wird er je nach den anliegenden Entscheidungen durch die verschiedenen Ressortminister gebildet: Rat der Außenminister, Rat der Agrarminister, Rat der Finanzminister, Rat der Wirtschaftsminister etc. Der Rat trifft die jeweiligen grundlegenden gesetzgeberischen Entscheidungen und wird deshalb auch als "Gesetzgeber" der EG bezeichnet. Der Rat ist also das eigentliche Entscheidungszentrum der Europäischen Gemeinschaft. In der Regel kann er nur über von der Kommission vorgelegte Vorschläge und Entwürfe beschließen. Eine Abänderung von Kommissionsvorschlägen ist nur einstimmig möglich.

Um ein kontinuierliches Arbeiten bei der hohen Arbeitsbelastung zu ermöglichen, wurde nach Art. 4 des Fusionsvertrages von 1965 ein **"Ausschuß der ständigen Vertreter"** gebildet. Neben einem eigenen Beamtenapparat steht dieser Ausschuß dem Ministerrat als Hilfsorgan zur Verfügung. Der Ausschuß, der sich aus den ständigen Vertretern der Mitgliedsländer in Botschafterrang sowie einem Vertreter der Kommission zusammensetzt, hat die Aufgabe, die Arbeiten des Rates entsprechend vorzubereiten und die ihm von diesem übertragenen Aufträge auszuführen.

Nach dem EWG-Vertrag war vorgesehen, daß in den meisten Fällen der Entscheidungsfindung eine qualifizierte Mehrheit genügen sollte. Einstimmigkeit sollte generell nur dann erforderlich sein, wenn der Ministerrat vertragsgemäß auf Vorschlag der Kommission tätig wurde und eine Änderung der Kommissionsvorschlages beschließen wollte. Das heißt: In den meisten Fällen sollte also eine Entscheidung über den Kommissionsvorschlag mit qualifizierter Mehrheit genügen.

Die Entwicklung zeigte jedoch, daß in erster Linie die großen Mitgliedsstaaten, unter ihnen vor allem Frankreich, nicht bereit waren, ihren nationalen Interessen entgegenstehende Mehrheitsentscheidungen tatsächlich zu akzeptieren. Damit wäre auch eine Einschränkung der nationalen Souveränität verbunden gewesen. Diese Konsequenzen wollte Frankreichs Staatspräsident Charles de Gaulle (geb. 1890, gest. 1970) nicht hinnehmen. Am 1. Juli 1965 zog die französische Regierung ihren Vertreter aus dem Rat zurück. Ein halbes Jahr später, im Januar 1966, konnte mit dem sogenannten "**Luxemburger Kompromiß**" die Krise beigelegt werden. Die Vereinbarungen von Luxemburg sahen praktisch die Außerkraftsetzung des in den EG-Verträgen vorgesehenen Verfahrens der Mehrheitsentscheidungen vor. Die Beschlüsse sollten nur noch einstimmig gefaßt werden bzw. es sollte solange nach Kompromissen gesucht werden, bis eine einstimmige Entscheidung möglich wäre. Die Folge waren Marathon-Sitzungen, wichtige Entscheidungen für die europäische Integrationspolitik konnten nicht zustandekommen. - Die Luxemburger Beschlüsse des Europäischen Rates der Staats- und Regierungschefs von 1965 sehen mittlerweile wieder bei anstehenden Entscheidungen Mehrheitsentscheidungen des Ministerrates mit qualifizierter Mehrheit vor. -

Arbeitsüberlastung und ständige Befassung mit Detailfragen lähmten schließlich den Ministerrat, die politische Führungsrolle in der Europäischen Gemeinschaft zu übernehmen. Dieser Prozeß führte dazu, daß ab 1969 die Staats- und Regierungschefs sich zu Gipfelkonferenzen trafen, um zu versuchen, der Gemeinschaft neue Impulse zu geben. Ab 1975 wurden diese Gipfeltreffen in dem "Europäischen Rat" institutionalisiert, der jedoch zunächst kein Organ der Europäischen Gemeinschaft war.

Der Vorsitz im Ministerrat wird in halbjährlichem Rhythmus von einem der Mitgliedsländer in alphabetischer Reihenfolge ausgeübt. Der Wechsel findet jeweils zum 1. Januar und zum 1. Juli eines jeden Jahres statt.

2.4.2 Kommission

Die Kommission der Europäischen Gemeinschaft besteht aus insgesamt 17 Mitgliedern. Diese werden von den nationalen Regierungen im gegenseitigen Einvernehmen ernannt. Die zunächst auf vier Jahre ernannten Kommissare vertreten das Gemeinschaftsinteresse und sind von Weisungen der Nationalregierungen unabhängig. Die Kommission verkörpert die supranationale Gewalt am einprägsamsten.

Nach den Verträgen kommt der Kommission eine Schlüsselrolle zu. Sie besitzt das Initiativrecht für die "EG-Gesetzgebung." Sie hat nämlich die Aufgabe, zusammen mit ihrem Beamtenapparat und in einem ständigen Meinungsbildungsprozeß mit den Vertretern der einzelnen Mitgliedsstaaten, den Fachbeamten in deren Ministerien, den Sozialpartnern etc. Vorschläge, Stellungnahmen, Empfehlungen, Entwürfe und Gutachten für alle in den "Römischen Verträgen" vorgesehenen Bereiche zu erarbeiten.

Die Kommission ist das ausführende Organ für die in den Verträgen vorgesehenen Maßnahmen sowie für alle Aufgaben, die der Rat ihr überträgt, wie u. a. die Vorbereitung des EG-Haushaltes und die Verwaltung der Haushaltsmittel. Sie ist ausführendes Organ der getroffenen Entscheidungen des Rates oder hat ihre Ausführung zu kontrollieren und, falls erforderlich, Ausführungsbestimmungen oder Verordnungen/Richtlinien zu erlassen. Die Ausführung der Gemeinschaftsbestimmungen ist überwiegend Sache der Mitgliedsstaaten.

Die Kommission ist ein Kollegialorgan, d. h. sämtliche Beschlüsse müssen von allen Kommissaren gemeinsam gefaßt werden. Zur Beschlußfassung reicht allerdings die Mehrheit der Stimmen aus. Alle von der Kommission zu bearbeitenden Sachgebiete sind auf Zentralabteilungen und 20 Generaldirektionen aufgeteilt.

Die Kommission als "Exekutive" der EG verstand sich von Beginn an als "Motor" der Gemeinschaft und als "Anwalt des Gemeinschaftsinteresses" gegenüber den im Ministerrat vertretenen nationalen Regierungen. Nicht erst seit dem "Luxemburger Kompromiß", sondern bereits seit 1958 ist die politische Bedeutung der Kommission schwächer geworden: die wichtigsten Entscheidungsfäden laufen immer stärker im Ministerrat zusammen. Mehr und mehr ist die Rolle der Kommission auf die Rolle des Vermittlers zwischen den unterschiedlichen Interessen der Ratsmitglieder reduziert.

Der Kommission angegliedert sind verschiedene von ihr verwaltete Fonds:

- Europäischer Ausrichtungs- und Garantiefonds für die Landwirtschaft (EAGFL): Finanzierung der Agrarpolitik.
- Europäischer Sozialfonds: Verbesserung der Beschäftigungsmöglichkeiten der Arbeitskräfte durch Förderung der beruflichen Verwendbarkeit und der örtlichen wie beruflichen Mobilität.
- Europäischer Fonds für währungspolitische Zusammenarbeit (Europäischer Währungsfonds): Verstärkung der Zusammenarbeit der Notenbanken.
- Europäischer Regionalfonds: Ausgleichung der unterschiedlichen regionalen Entwicklung innerhalb der EG.
- Europäischer Entwicklungsfonds: Finanzierung vor allem von industriellen und Infrastrukturmaßnahmen innerhalb der Gemeinschaft, der Überseebesitzungen, der assoziierten und der AKP-Staaten.

2.4.3 Europäisches Parlament

Im Sinne demokratischen Verfassungsverständnisses sind die Befugnisse des Europäischen Parlaments im Organsystem der EG höchst unzulänglich entwickelt. Das Europäische Parlament übt nicht wie die nationalen Parlamente eine gesetzgebende Funktion aus. Die Kontrollfunktion besteht hauptsächlich darin, daß das Parlament von Rat und Kommission die Beantwortung mündlicher und schriftlicher Anfragen verlangen kann. Es kann jedoch die Kommission durch Mißtrauensvotum zum Rücktritt zwingen. Außerdem prüft es die Jahresberichte der Kommission, übt die Kontrolle über sie aus und befindet über die Entlastung. Ein Mitspracherecht bei der Bildung der Exekutive der EG sowie eine Mitbestimmung bei konkreten Entscheidungen steht dem Europäischen Parlament jedoch nicht zu. Echte Entscheidungsbefugnisse haben die derzeit 518 Abgeordneten bisher lediglich bei der Verabschiedung des Haushalts der EG. Wird dieser abgelehnt, so muß die Kommission einen neuen Etat-

Die Fraktionen des Europäischen Parlaments

Fraktionsbezeichnung	Zahl der Abgeordneten
Sozialisten	180
Europäische Volkspartei (Christliche Demokraten)	121
Liberale und Demokraten	49
Europäische Demokraten (Konservative)	34
Grüne im Europäischen Parlament	30
Vereinigte Europäische Linke (Euro-Kommunisten)	28
Sammlungsbewegung der Europäischen Demokraten	20
Technische Fraktion der Europäischen Rechten	17
Koalition der Linken (Orthodoxe Kommunisten)	14
Regenbogenfraktion	13
Fraktionslose	12
	518

Wahlsysteme in den EG-Staaten

Mitgliedsland	Nationalparlament	Europaparlament
Belgien	Verhältniswahl	Verhältniswahl nach Listen
BR Deutschland	Gemischte Mehrheits- und Verhältniswahl	Verhältniswahl nach Listen
Dänemark	Verhältniswahl	Verhältniswahl nach Listen
Frankreich	Mehrheitswahl mit ggf. 2 Wahlgängen	Verhältniswahl nach Listen
Großbritannien	Mehrheitswahl	Mehrheitswahl (Nordirland: Verhältniswahl)
Griechenland	Verhältniswahl	Verhältniswahl nach Listen
Irland	Verhältniswahl	Verhältniswahl nach traditionellem System der übertragbaren Stimme
Italien	Verhältniswahl	Verhältniswahl nach Listen
Luxemburg	Verhältniswahl	Verhältniswahl nach Listen

Mitgliedsland	Nationalparlament	Europaparlament
Niederlande	Verhältniswahl	Verhältniswahl nach Listen
Portugal	Verhältniswahl	Verhältniswahl nach Listen
Spanien	eingeschränkte Verhältniswahl für den Kongreß, Mehrheitswahl für den Senat, wo 41 Mitglieder vom König ernannt sind.	Verhältniswahl nach Listen

entwurf vorlegen. Das Feld des vollen Etatrechts ist damit jedoch noch nicht beschritten.

Die Einheitliche Europäische Akte hat dem Europäischen Parlament in der Gesetzgebung ein Zustimmungsrecht in folgenden beiden Fällen übertragen: bei Beitrittsabkommen und bei Assoziations- und Kooperationsabkommen.

Darüber hinaus wurde in der Einheitlichen Europäischen Akte ein Kooperationsverfahren eingeführt, das die aktive Beteiligung des Europäischen Parlaments an der Gesetzgebung in den Bereichen Binnenmarkt, Sozialpolitik, wirtschaftlicher und sozialer Zusammenhalt und Forschungspolitik vorsieht, wenn der Rat hier mit qualifizierter Mehrheit Entscheidungen getroffen hat.

Trotz allem bleibt für das Europäische Parlament weiterhin das größte Defizit, daß es die Kommission zu keiner Politik zwingen kann und nur ein mangelndes Gesetzgebungs- und Mitgesetzgebungsrecht hat.

Zur Bildung einer Fraktion ist eine Mindeststärke von 23 Mitgliedern erforderlich, wenn diese aus einem einzigen Mitgliedsstaat stammen. Diese Zahl beläuft sich auf 18, wenn die Mitglieder aus zwei Mitgliedsstaaten und auf 12, wenn sie aus drei oder mehr Mitgliedsstaaten kommen.

Bis zum Jahre 1979 bestand das Europäische Parlament aus 198 Mitgliedern. Die "Abgeordneten" wurden von den nationalen Parlamenten aus ihrer Mitte gewählt. 1979 fand die erste, 1984 die zweite, 1989 die dritte Direktwahl der europäischen Abgeordneten statt. Das Europäische Parlament besteht aus 518 Mitgliedern. Sie sind keine Vertreter der Mitgliedsstaaten und vertreten keine nationalen Fraktionen. Die Zusammensetzung des EP zeigt vorstehende Tabelle.

Bei den bisher durchgeführten drei Direktwahlen wurden die Abgeordneten nach dem jeweiligen nationalen Wahlrecht gewählt. Eine Einigung über ein europäisches Wahlsystem wurde bisher nicht erzielt. Das Parlament hatte hierzu einen Entwurf ausgearbeitet. Die einzelnen nationalen Wahlsysteme dokumentiert die Übersicht auf den Seiten 36 und 37.

2.4.4 Europäischer Gerichtshof

Der Europäische Gerichtshof besteht aus 13 Richtern und 6 Generalanwälten, die von den Regierungen der Mitgliedsstaaten vorgeschlagen und in gegenseitigem Einvernehmen für sechs Jahre ernannt werden. Alle drei Jahre findet eine teilweise Neubesetzung statt, wobei eine Wiederbenennung möglich ist. Der Europäische Gerichtshof nimmt Überwachungsfunktionen wahr, um die Einhaltung der rechtlichen Verpflichtungen zu sichern, die sich aus den Verträgen ergeben. Seine Urteile, gegen die es keine Berufung gibt, sind rechtsverbindlich. Durch Vorabentscheidungen (Rechtsgutachten, die von nationalen Gerichten eingeholt werden können) greift der Europäische Gerichtshof auch in die nationale Rechtspraxis ein.

Der Europäische Gerichtshof kann von allen Organen - häufig von der Kommission, wenn diese der Überzeugung ist, daß einer oder mehrere der Mitgliedsstaaten sich nicht vertragskonform verhalten -, von jedem Mitgliedsstaat und in bestimmten Fällen auch von Einzelpersonen angerufen werden. Er ist auch zuständig für Rechtsstreitigkeiten der europäischen Beamten mit ihrem Arbeitgeber.

Ende September 1988 beschloß der Ministerrat die Errichtung eines Gerichts erster Instanz der Europäischen Gemeinschaften, das dem Europäischen Gerichtshof beigeordnet ist. Dieses neue Gericht soll zur Entlastung des Europäischen Gerichtshofs beitragen. Dessen Arbeitsvolumen ist im Laufe der Zeit ständig gewachsen und wird durch die neuen Gemeinschaftsaufgaben wie Forschungs- und Technologiepolitik, Umweltpolitik und Vollendung des Europäischen Binnenmarktes auch in Zukunft noch eine erhebliche Ausweitung erfahren.

Am 25. September 1989 wurden die zwölf Mitglieder des neuen Gerichts vereidigt. Zu seinem Aufgabenbereich gehören Klagen von Mitarbeitern der Organe der Europäischen Gemeinschaften sowie Klagen in bezug auf den EGKS-Vertrag von Unternehmen und Verbänden im Bereich der Umlagen, Preise und Produktion sowie der Kartelle und Zusammenschlüsse. Darüberhinaus behandelt das Gericht erster Instanz der Europäischen Gemeinschaften Klagen von natürlichen und juristischen Personen im Bereich des EWG-Vertrages.

Insgesamt gesehen fällt dem Europäischen Gerichtshof mit der Formulierung von Gemeinschaftsrecht durch die direkt wirksame Auslegung und Anwendung der Verträge eine immer wichtigere Aufgabe für die Gemeinschaftsbildung zu.

2.4.5 Wirtschafts- und Sozialausschuß (EWG/Euratom) und Beratender Ausschuß (EGKS)

Der Wirtschafts- und Sozialausschuß, Organ der EWG und der Euratom, setzt sich aus Vertretern der verschiedenen Gruppen des wirtschaftlichen und sozialen Lebens der einzelnen Mitgliedsländer zusammen. Die Mitglieder des Ausschusses sind keine Staatenvertreter, sondern unabhängig und weisungsungebunden. Aufgrund von Vorschlaglisten der Mitgliedsstaaten werden sie vom Ministerrat auf vier Jahre ernannt.

Der Ausschuß umfaßt fachliche Gruppen für die Hauptsachgebiete des Vertrages, insbesondere für Landwirtschaft und Verkehr.

Der Beratende Ausschuß der EGKS, der dem Wirtschafts- und Sozialausschuß der EWG und der Euratom entspricht, jedoch in seinem Organstatus umstritten ist, besteht aus "einer gleichen Anzahl von Vertretern der Erzeuger, der Arbeitnehmer, der Verbraucher und Händler." Sie werden aufgrund von Vorschlagslisten, die - vom Rat bestimmte - Erzeuger- und Arbeitnehmerorganisationen einreichen, vom Rat auf zwei Jahre ernannt. Sie sind nicht an Aufträge und Weisungen ihrer Organisationen gebunden.

Die Aufgaben des Wirtschafts- und Sozialausschusses bestehen in beratender Tätigkeit. Dies geschieht durch Abgabe von rechtlich nicht bindenden Stellungnahmen an Rat und Kommission. Die Anhörung des Ausschusses ist obligatorisch, sofern die Verträge dies vorschreiben, wie z. B. auf dem Gebiet der Agrarpolitik, der Freizügigkeit, des Niederlassungsrechts, des freien Dienstleistungsverkehrs, der Rechtsangelegenheiten, der Verkehrs- und Sozialpolitik. Darüber hinaus ist die Anhörung des Ausschusses nicht vorgeschrieben. Wird der Ausschuß in zwingend vorgeschriebenen Fällen nicht angehört, kann dies zur Aufhebung der von Rat und Kommission erlassenen Rechtshandlung wegen Verletzung wesentlicher Formvorschriften führen.

Die Aufgaben des Beratenden Ausschusses der EGKS bestehen ebenfalls in beratender Tätigkeit mittels obligatorischer und fakultativer Anhörung, allerdings nur in Bezug auf die Kommission. Diese hat jedoch eine Informationspflicht hinsichtlich der allgemeinen Ziele und Programme und hinsichtlich der allgemeinen Richtlinien der Kommissionstätigkeit. Die Nichtanhörung in obligatorisch vorgeschriebenen Fällen hat dieselben Folgen wie beim Wirtschafts- und Sozialausschuß. Während dieser parlamentsartig in Fraktionen organisiert ist, so ist dies der Beratende Ausschuß nicht. Beschlüsse werden jeweils mit einfacher Mehrheit gefaßt.

2.4.6 Europäischer Rechnungshof

Der Europäische Rechnungshof wurde auf Drängen des Europäischen Parlaments 1975 gegründet und nahm 1977 nach Inkrafttreten des entsprechenden Vertrages seine Arbeit auf. Die Mitglieder des Europäischen Rechnungshofes werden vom Rat nach Anhörung des Europäischen Parlamentes unter den Persönlichkeiten ausgewählt, die in ihren jeweiligen Ländern den Rechnungsprüfungsorganen angehören bzw. für dieses Amt besonders befähigt sind. Die Rechnungsprüfer werden für eine Amtszeit von sechs Jahren ernannt. Sie üben ihre Tätigkeit in voller Unabhängigkeit aus.

Als neues EG-Organ hat der Europäische Rechnungshof die Aufgabe der externen Finanzkontrolle, d. h. er hat die Wirtschaftlichkeit der Haushaltsführung, insbesondere der Kommission, zu überwachen und erstattet nach Ablauf eines Haushaltsjahres einen Jahresbericht.

2.4.7 Europäische Investitionsbank (EIB)

Die Europäische Investitionsbank (EIB) dient der Förderung und Entwicklung ausgewogener und gesunder Wirtschaftsstrukturen im Rahmen des Gemeinsamen Marktes. Sie wird auch zu Investitionen bei den assoziierten Ländern, wie z. B. den AKP-Staaten, in Anspruch genommen. Das Kapital wurde von den Mitgliedsstaaten aufgebracht. Oberstes Organ der EIB ist der Rat der Gouverneure, der aus den zwölf Finanzministern besteht. Sitz war zunächst Brüssel und ist heute Luxemburg.

2.4.8 Kompetenzverteilung zwischen den politischen Organen der Europäischen Gemeinschaft

Der Ministerrat verkörpert unter den politischen Organen das intergouvernementale Element, das die Wahrung mitgliedsstaatlicher Souveränität bezweckt. Der Rat ist die sogenannte Legislative, der "Gesetzgeber" der EG.

Die Kommission verkörpert das supranationale Element, das die Wahrung gemeinschaftlicher Interessen bezweckt. Sie ist die sogenannte Exekutive der EG und wird als der "Motor" der europäischen Integration betrachtet.

Zwischen Rat und Kommission bestand bereits von Beginn an ein Spannungsverhältnis, das im Laufe der Entwicklung eine eindeutige Verlagerung der Schwerpunkte ergab. Die die europäische Integrationsdynamik antreibenden Kommissare wurden immer mehr in den Hintergrund gedrängt und die die nationalen Interessen der Mitgliedsstaaten betonenden Regierungsvertreter im Rat wurden letztendlich entscheidend. Verstärkt wurde dies noch durch die Einrichtung des Europäischen Rats der Staats- und Regierungschefs, auf den noch eingegangen wird.

Bei dem Europäischen Parlament besteht ein Mißverhältnis zwischen seiner Funktion als parlamentarisches Vertretungsorgan der Völker der Mitgliedsstaaten und seiner tatsächlichen Kompetenzausstattung. Wie wir gesehen haben, sind die eigentlichen Entscheidungskompetenzen äußerst gering. Die Funktion eines Parlaments als Legislative nimmt der Rat wahr.

Insgesamt gesehen sind Funktion und Arbeitsweise der Organe ambivalent angelegt, d. h. sie unterliegen andersgearteten Ordnungsprinzipien als entsprechende nationalstaatliche Einrichtungen.

Beim Europäischen Gerichtshof äußert sich die Bivalenz dann darin, daß ihm Kompetenzen übertragen werden, die über den Funktionsbereich nationaler Gerichte hinausgehen.

Wie wirken die Organe der Europäischen Gemeinschaft zusammen?

Im allgemeinen erläßt der Rat die politisch bedeutsamen Rechtsvorschriften, während die Kommission eher ausführende Rechtsvorschriften erläßt. Der Regelfall des Zusammenwirkens der Gemeinschaftsorgane ist folgender:

- Vorschlag der Kommission
- Einholen von Stellungnahmen der beratenden Organe
- Verhandlungen im Ausschuß der Ständigen Vertreter
- Übernahme des Kommissionsvorschlags durch den Ausschuß der Ständigen Vertreter oder Änderung des Vorschlags durch die Kommission nach Ablehnung im Ausschuß der Ständigen Vertreter
- Bei Zustimmung durch den Ausschuß der Ständigen Vertreter Vorlage an den Rat als A- oder B-Punkt:

  A-Punkte sind Beschlußvorlagen, über die sich die Ständigen Vertreter und die Kommission bereits geeinigt haben. Es handelt sich dabei zumeist um Verfahrensfragen oder andere Fragen unpolitischer Natur. Cirka zwei Drittel der Beschlußvorlagen werden so, ohne Aussprache, erledigt.

FUNKTIONSSCHEMA DER EG

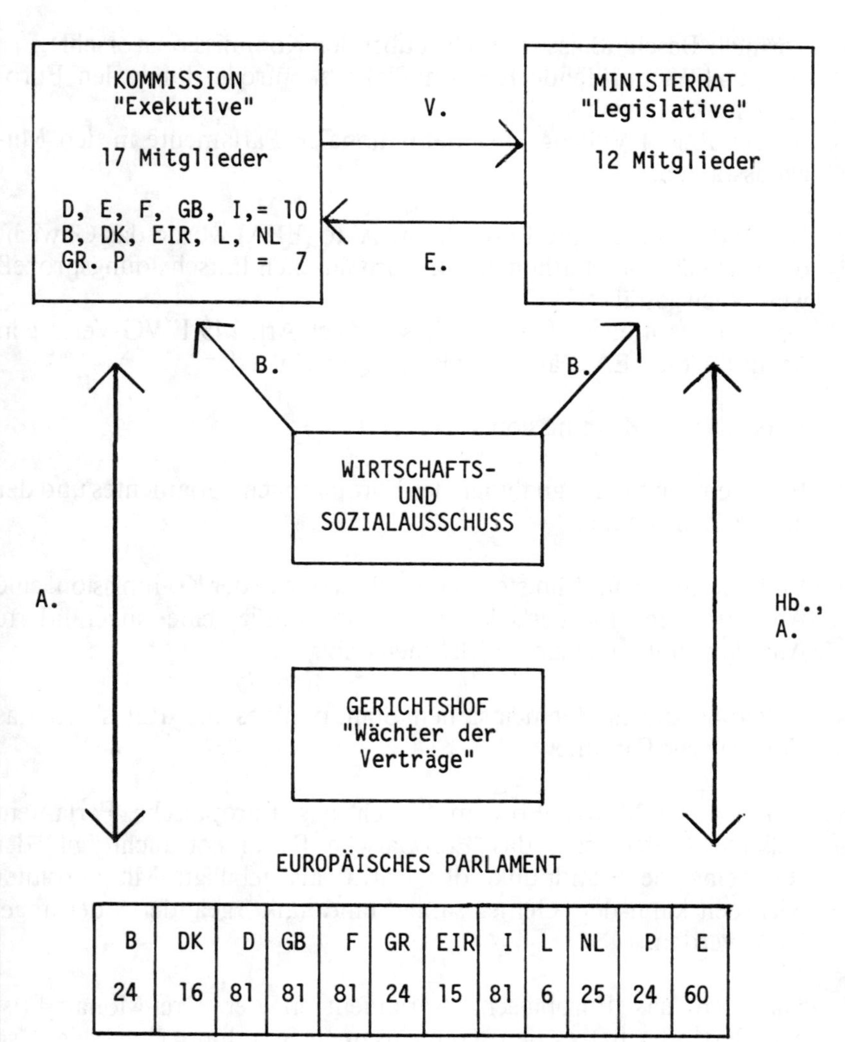

A. = Anhörung; B. = Beratung; E. = Entscheidung ;
Hb. = Haushaltsbeschlüsse; V. = Vorschläge.

Die übrigen Beschlußvorlagen, über die dann noch ausführliche Aussprachen stattfinden, werden B-Punkte genannt. Zu ihnen gehören:

- Formelle Beschlußfassung im Rat über den Kommissionsvorschlag,
- eventuell nachprüfende Rechtmäßigkeitskontrolle durch den Europäischen Gerichtshof,
- (in der Regel) Vollzug über die nationalen Parlamente in den Mitgliedsstaaten.

Durch die Einheitliche Europäische Akte (EEA) wurde das Gewicht des Europäischen Parlaments im europäischen Entscheidungsprozeß wesentlich gestärkt:
Das Kooperationsverfahren stellt sich nach Art. 149 EWG-Vertrag in der durch die EEA geänderten Fassung wie folgt dar:

- Vorschlag der Kommission,

- Einholen von Stellungnahmen des Europäischen Parlamentes und der beratenden Organe,

- Verhandlungen im Ministerrat über die Vorlage der Kommission: eine Änderung des Entwurfs kann nur einstimmig, eine unveränderte Annahme mit qualifizierter Mehrheit erfolgen.

- Zuleitung dieses "Gemeinsamen Standpunktes des Rates" an das Europäische Parlament.

- Binnen Drei-Monats-Frist muß sich das Europäische Parlament äußern. Äußert sich das Europäische Parlament nicht, gilt der "Gemeinsame Standpunkt des Rates" als gebilligt. Mit absoluter Mehrheit kann der "Gemeinsame Standpunkt" geändert oder abgelehnt werden.

- Hat sich das Europäische Parlament in der Drei-Monats-Frist geäußert oder hat es den "Gemeinsamen Standpunkt" gebilligt, "so wird der Rechtsakt vom Rat entsprechend dem gemeinsamen Standpunkt endgültig verabschiedet" (Art. 7 EEA).

- Hat das Europäische Parlament Änderungen vorgeschlagen, so wird die Vorlage mit den Änderungen zur Kommission zurückgeleitet und muß von dieser innerhalb eines Monats überprüft werden. Nach Überprüfung des Vorschlags übermittelt die Kommission diese dem Rat zusammen mit den von ihr nicht übernommenen Änderungen des Europäischen Parlaments und nimmt dazu Stellung.

- "Der Rat verabschiedet mit qualifizierter Mehrheit den von der Kommission überprüften Vorschlag. Der Rat kann den von der Kommission überprüften Vorschlag nur einstimmig ändern" (Art. 7 EEA).

- Hat das Europäische Parlament abgelehnt, kann der Rat die Vorlage nur einstimmig verabschieden.

Dieses Kooperationsverfahren ist nur für folgende Bereiche vorgesehen:

- Harmonisierung nationaler Bestimmungen im Hinblick auf Verwirklichung des Europäischen Binnenmarktes;
- Freizügigkeit der EG-Bürger;
- Verbesserung der Arbeitsbedingungen;
- Anwendung des Regionalfonds.

Darüber hinaus ist für den Abschluß internationaler Abkommen, wie z. B. Lomé IV sowie für die Erweiterung der EG die Zustimmung des Europäischen Parlamentes notwendig.

Das Gemeinschaftsrecht steht somit nicht unter dem Prinzip der Gewaltenteilung. Die Organe der Europäischen Gemeinschaft lassen sich nicht, wie beispielsweise in der Bundesrepublik Deutschland, in das herkömmliche Schema "Legislative - Exekutive - Judikative" einordnen. Dennoch enthält das Gemeinschaftsverfahren faktisch ein System gegenseitiger Verschränkungen und Hemmungen, das, verbunden mit der strikten Rechtmäßigkeitskontrolle durch den Europäischen Gerichtshof, ähnliche Auswirkungen hat wie das Prinzip der Gewaltenteilung.

Deshalb bezeichnet der Europäische Gerichtshof dieses System als "das institutionelle Gleichgewicht."

2.5 "Europäische" Initiativen neben der "westeuropäischen Integration"

Sowohl in West- als auch in Ost-Europa gab es neben der Entwicklung der beschriebenen westeuropäischen Integration Entwicklungen zu einer wirtschaftlichen Zusammenarbeit zwischen mehreren Staaten, wobei zwischen der Initiative in West-Europa und der in Ost-Europa Unterschiede in den Zielsetzungen zu erkennen sind.

2.5.1 Die Europäische Freihandelszone

In der Anfangsphase ihres Bestehens mußte die EWG mit der Europäischen Freihandelszone (engl. European Free Trade Association, EFTA) konkurrieren. Wortführer der EFTA-Gründung war Großbritannien. Wie bereits bei den Verhandlungen zur Gründung der Montanunion war das Vereinigte Königreich auch zur Gründung von EWG und Euratom eingeladen. Die britische Regierung lehnte jedoch ab. Sie verwies auf ihre Commonwealth-Verpflichtungen und meldete grundsätzliche Bedenken an gegenüber dem angestrebten Integrationsweg mit einer Abgabe von Souveränitätsrechten. Als dann erkennbar wurde, daß es zur Gründung der EWG kam, schlug Großbritannien vor, die EWG solle als Ganzes in eine Freihandelszone eintreten, die aus den europäischen Mitgliedsstaaten der OEEC bestehen sollte. - Erinnern wir uns: Die OEEC (Organization for European Economic Cooperation) wurde am 16. April 1948 in Paris gegründet, um das Europäische Wiederaufbauprogramm (Marshall-Plan-Hilfe) durchzuführen. Die OEEC übernahm die Aufgabe der Verteilung der Marshall-Plan-Mittel. Darüber hinaus spielte sie eine zentrale Rolle beim Wiederaufbau der Wirtschafts- und Handelsbeziehungen zwischen den einzelnen Mitgliedsstaaten. Dabei konnte sie vor allem auf dem Gebiet der Liberalisierung des Handels zwischen den westeuropäischen Staaten große Fortschritte erzielen und über die Europäische Zahlungsunion den Ausgleich von Leistungsbilanzdefiziten durch multilaterale Verrechnung von Überschüssen und Defiziten fördern.

1960 bzw. 1961 wurde die OEEC durch die OECD abgelöst. Dies wurde als notwendig erachtet, da durch die Gründung von EWG und EFTA die Gefahr drohte, daß die demokratischen Länder Europas in zwei getrennte handels- und wirtschaftspolitische Lager zerfallen könnten. Ferner nahm die Verflechtung zwischen den Industriestaaten erheblich zu. Ein

Mitgliedsstaaten der EG, der EFTA und des RgW

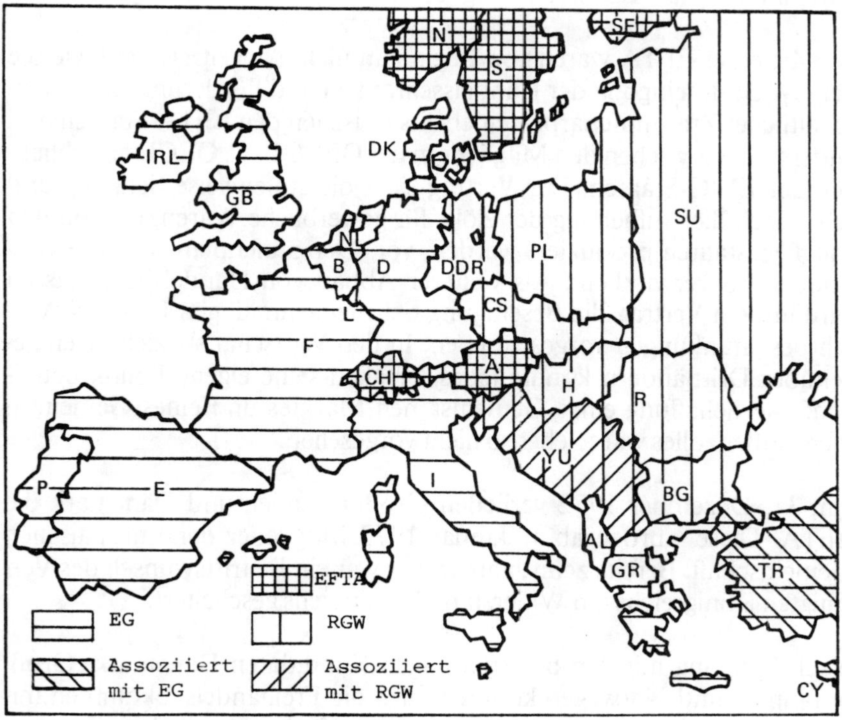

weiterer Grund lag in der allmählich anwachsenden Bedeutung der Entwicklungspolitik und Entwicklungshilfe, für die die OECD ebenfalls als Koordinationsinstrument tätig ist. - Der Plan Großbritanniens, die europäischen Mitglieder der OEEC in einer Freihandelszone zusammenzufassen, scheiterte am Einspruch der französischen Regierung.

Im Juli 1959 beschlossen dann sieben OEEC-Staaten - Dänemark, Großbritannien, Norwegen, Österreich, Portugal, Schweden und Schweiz - nach dem Scheitern des Versuchs zur Errichtung der großen Freihandelszone die Einrichtung einer kleinen Freihandelszone, der Europäischen Freihandelsvereinigung (EFTA). Im November 1959 wurde der EFTA-Vertrag paraphiert (abgezeichnet) und am 3. Mai 1960 trat er in Kraft. -

Die Vereinbarungen galten auch für das Fürstentum Liechtenstein und die dänischen Faröer-Inseln. Später traten noch Island als Vollmitglied und Finnland als assoziiertes Mitglied bei.

Die Ziele der EFTA waren von Beginn an nicht so weitreichend wie die der EWG: Beseitigung der Handelsschranken und Förderung enger wirtschaftlicher Zusammenarbeit einerseits zwischen den EFTA-Staaten und andererseits zwischen den Mitgliedern der OEEC bzw. OECD einschließlich der EWG-Staaten. Der Vertrag sieht die stufenweise Senkung und schließlich die Aufhebung der Zölle für gewerbliche Waren, die von den Mitgliedsstaaten produziert werden, vor. Der Stufenplan wurde bereits Ende 1966 verwirklicht. Als weiterer Abbau von Handelshemmnissen wird in dem Vertrag die Beseitigung der mengenmäßigen Ein- und Ausfuhrbeschränkungen vorgeschrieben. In den Wirtschaftsbeziehungen gegenüber Drittländern konnte jedes Mitglied seine eigene Politik betreiben. Die Schaffung eines Gemeinsamen Marktes und eines Gemeinsamen Außenzolles waren ebenso nicht vorgesehen.

Am 31. Dezember 1972 verließen Großbritannien und Dänemark die EFTA. Diese wurden ab 1. Januar 1973 Mitglieder der Europäischen Gemeinschaft. Bereits zehn Jahre früher war ein Beitrittswunsch des Vereinigten Königreichs am Widerstand Frankreichs gescheitert.

Nach Einigung mit den beitrittswilligen Kandidaten Dänemark, Großbritannien und Norwegen konnten auch die Freihandelsabkommen mit der Rest-EFTA - Island, Österreich, Portugal, Schweden, Schweiz - unterzeichnet werden, die die Errichtung einer Freihandelszone zwischen diesen Staaten und den neun EG-Mitgliedern vorsahen. Mit Norwegen wurde ein ähnliches Abkommen geschlossen, nachdem die norwegische Bevölkerung einem EG-Beitritt in einer Volksabstimmung nicht zugestimmt hatte. Die Freihandelsabkommen betreffen vornehmlich den gewerblichen Sektor. Der landwirtschaftliche Bereich ist weitgehend ausgeschlossen. Mit dem Beitritt Portugals zur EG wurde 1986 die Rest-EFTA erneut um ein weiteres Mitglied reduziert.

Im November 1989 schlug die Kommission den zwölf Mitgliedsstaaten der EG vor, mit den sechs Ländern der EFTA Verhandlungen über einen gemeinsamen Wirtschaftsraum aufzunehmen. Nach entsprechenden monatelangen Gesprächen zwischen Kommission und Vertretern der EFTA befürwortet die Kommission, die Beziehungen zwischen der EG und EFTA unter dem Aspekt der Vollendung des Binnenmarktes auf eine neue Basis zu stellen: Es wird eine Zusammenarbeit angestrebt, die über die bereits bestehenden Freihandelsabkommen weit hinausreicht, wobei jedoch auf längere Sicht nicht damit zu rechnen sein wird, daß die sechs EFTA-Staaten den gleichen Status erhalten wie die EG-Mitglieder. Eine Beseitigung der Grenzkontrollen ist ebenso wenig vorgesehen wie in nächster Zukunft eine gemeinsame Gerichtsbarkeit. Eine Zusammenarbeit ist geplant bei der Liberalisierung der öffentlichen Aufträge, dem Wissenschaftsaustausch, den Dienstleistungen und bei der politischen Kooperation. Darüber hinaus sollen die EFTA-Staaten über alle wichtigen Vorhaben der Europäischen Gemeinschaft informiert werden.

Mitte Dezember 1989 vereinbarten die 18 Außenminister der EG und EFTA, im Frühjahr 1990 Verhandlungen über einen gemeinsamen Wirtschaftsraum aufzunehmen. In diesen Verhandlungen, die Ende 1990 abgeschlossen sein sollen, wollen EG und EFTA möglichst viele der sogenannten vier "Grundfreiheiten" verwirklichen: ungehinderter Waren-, Dienstleistungs-, Kapital- und Personenverkehr.

Insgesamt gesehen waren die Impulse der EFTA auf die wirtschaftliche und soziale Entwicklung in Westeuropa verhältnismäßig schwach.

2.5.2 Der Rat für gegenseitige Wirtschaftshilfe und die osteuropäische Integration

Im Januar 1949 wurde auf Initiative der Sowjetunion in Moskau der Rat für gegenseitige Wirtschaftshilfe gegründet. Politische Ziele waren es, die zur Gründung des RgW führten: Die Sowjetunion wollte damit verhindern, daß die in ihrem Einflußbereich stehenden kommunistischen Staaten Ost-Europas, vor allem Polen, die Tschechoslowakei und Jugoslawien, Marshall-Plan-Hilfe annahmen. Gründungsmitglieder waren außer der UdSSR Bulgarien, Polen, Rumänien, Tschechoslowakei und Ungarn. Im Februar 1949 trat Albanien bei und 1962 wieder aus, im September 1950 wurde die DDR Mitglied. Jugoslawien ist seit 1964 teilassoziiert. Ab 1962 traten dem RgW auch außereuropäische Staaten bei: 1962 Mongolei, 1972 Kuba, 1978 Vietnam. In den ersten zehn Jahren seines Bestehens spielte der Rat für gegenseitige Wirtschaftshilfe wirtschaftlich gesehen keine bedeutende Rolle. Einen Impuls für die Verstärkung der Zusammenarbeit stellte schließlich sicherlich die Gründung der EWG dar. 1959 wurde dann das RgW-Statut verabschiedet, das bis heute Grundlage der Zusammenarbeit ist.

Ziele und Prinzipien der Integration des Rates für gegenseitige Wirtschaftshilfe

Im Jahre 1971 wurde, vermutlich als Reaktion auf die bis zum 1. Januar 1970 vollendete EG-Zollunion das "Komplexprogramm" für die weitere Vertiefung und Vervollkommnung der Zusammenarbeit und Entwicklung der sozialistischen ökonomischen Integration der Mitgliedsländer des RgW" verabschiedet.

Im Komplexprogramm werden folgende Ziele genannt: beschleunigtes Wirtschaftswachstum; Herausbildung moderner Produktionsstrukturen; Erhöhung des Lebensstandards der Bevölkerung; schrittweise Annäherung und Angleichung des wirtschaftlichen Entwicklungsniveaus der Mitgliedsländer; beschleunigtes und stabileres Wachstum des Intrablockhandels. Diese in erster Linie wirtschaftlichen Ziele sind noch ergänzt durch politische: Verbesserung der Verteidigungsfähigkeit; Stärkung der Position der Mitgliedsländer in der Weltwirtschaft; Sicherung des Sieges im ökonomischen Wettbewerb mit dem Kapitalismus.

Die Ziele sind sehr allgemein gehalten. Sie bilden wohl kaum eine Richtschnur für konkretes politisches Handeln. Über den Endzustand der sozialistischen ökonomischen Integration ist bisher keine Einigung erzielt. Interessengegensätze und die - vor allem von Rumänien immer wieder betonte - Unantastbarkeit der nationalen Souveränität standen dem im Wege.

Die Wahrung der nationalstaatlichen Souveränität ist eines der wesentlichen Prinzipien im RgW-Statut und im Komplexprogramm.

Dort wird die volle Freiwilligkeit als Prinzip der sozialistischen ökonomischen Integration, die nicht mit der Schaffung überstaatlicher Organe verbunden sein soll, herausgestellt.

Oberstes Organ ist die **Ratstagung**, die auf Ministerpräsidentenebene einmal jährlich zusammentritt. Sie fällt die wesentlichen Grundsatzentscheidungen. Das **Exekutivkomitee** ist das eigentliche Leitungs- und Vollzugsorgan. Es ist für alle Fragen der Plankoordinierung, Spezialisierung und Zusammenarbeit zuständig.

Organisationsstruktur des RGW

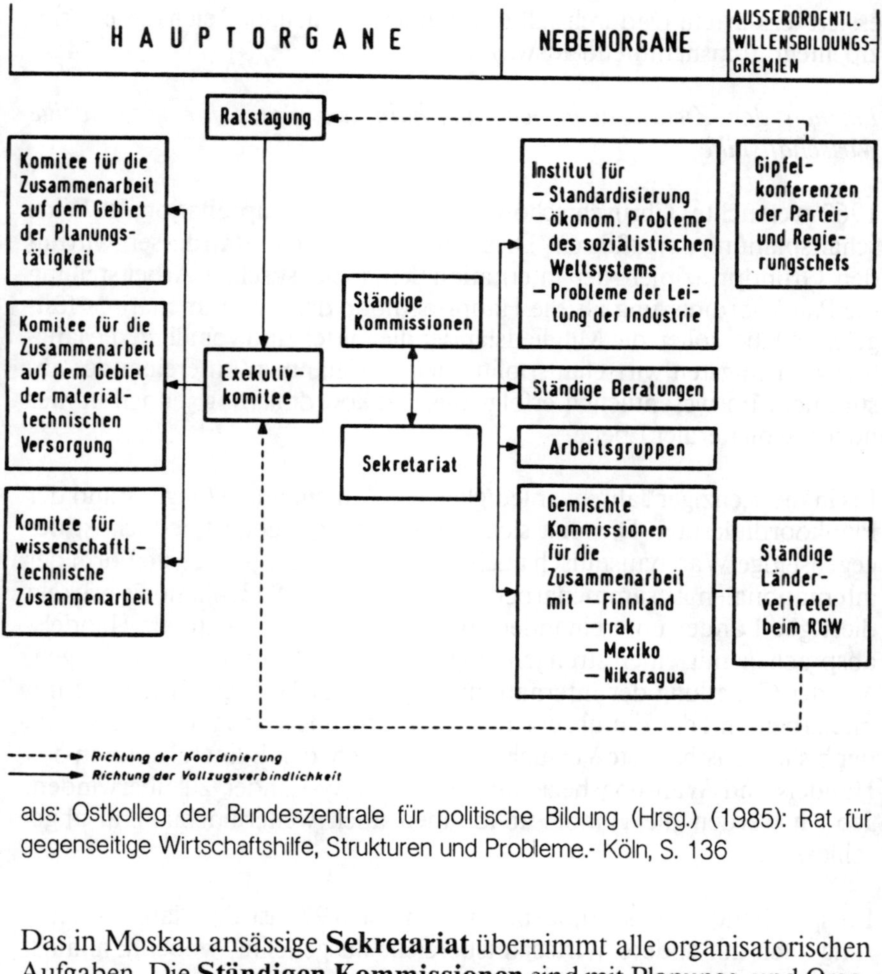

aus: Ostkolleg der Bundeszentrale für politische Bildung (Hrsg.) (1985): Rat für gegenseitige Wirtschaftshilfe, Strukturen und Probleme.- Köln, S. 136

Das in Moskau ansässige **Sekretariat** übernimmt alle organisatorischen Aufgaben. Die **Ständigen Kommissionen** sind mit Planungs- und Organisationsaufgaben betraut. Dabei handelt es sich entweder um spezielle Branchenkommissionen oder um solche, die mit allgemeinen Aufgaben befaßt sind. Die in den einzelnen Organen, mit Ausnahme des Sekretariats, getroffenen Entscheidungen sind bei organisatorischen Fragen Beschlüsse oder in Sachen wirtschaftlicher Zusammenarbeit Empfehlungen. Diese müssen einstimmig angenommen sein. Die Empfehlungen werden an die Mitgliedsstaaten geleitet und werden erst dann rechtswirksam, nachdem sie durch entsprechende nationale Gesetzgebung akzeptiert sind. Das Einstimmigkeitsprinzip ist seit 1967 insoweit geändert, daß es nur noch für Mitglieder gilt, die sich an einem bestimmten Projekt "interessiert" erklärten. Dadurch sollte verhindert werden, daß sich dieses Prinzip integrationshemmend auswirkt.

Formen der Zusammenarbeit innerhalb des Rates für gegenseitige Wirtschaftshilfe

1962 versuchte Chruschtschow, im RgW eine supranationale Wirtschaftsplanung einzuführen. Dies scheiterte jedoch. Stattdessen wird in den Grundprinzipien der internationalen sozialistischen Arbeitsteilung die Plankoordinierung als die Hauptmethode der Zusammenarbeit festgelegt. Dabei sollen die Mitgliedsländer die mittel- und vor allem die langfristig wichtigsten wirtschaftspolitischen Maßnahmen untereinander abstimmen. Im wesentlichen erfolgt die Plankoordinierung jedoch immer noch auf bilateraler Ebene.

Bis in die sechziger Jahre war lediglich der Außenhandel Gegenstand der Plankoordinierung. Dies hat sich seitdem zwar geändert, jedoch ist der gegenseitige Warenaustausch auch zur Zeit noch die wichtigste Form der internationalen Zusammenarbeit. 60 Prozent des Außenhandels wickeln die RgW-Länder untereinander ab. Grundlage sind bilaterale Handelsabsprachen mit einer strengen Regelung der Warenaustauschmengen. Mit der Gründung der Internationalen Bank für Wirtschaftliche Zusammenarbeit und der Einführung des Transfer-Rubels im Jahre 1963 wurde der bisher ernsthafteste Versuch unternommen, den Bilateralismus in den Handels-und Währungsbeziehungen der RgW-Länder zu überwinden. Jedoch werden die Handelsabkommen auch weiterhin bilateral abgeschlossen.

Entsprechend dem Komplexprogramm von 1971 ist die Plankoordinierung auch auf andere Wirtschaftsbereiche ausgedehnt, wobei u. a. auch gemeinsame Investitionen vorgesehen sind.

Integrationshemmend wirken sich nicht nur die ausgeprägten Niveau- und Strukturunterschiede zwischen den RgW-Ländern aus, sondern ebenso auch der Charakter der einzelnen Währungen als Binnenwährung. Letzteres vor allem behindert eine gemeinsame Investitionspolitik. Vergleicht man die länderübergreifenden Kreditbeziehungen mit westlichen Maßstäben, so sind diese sehr bescheiden. Die wirtschaftliche Bedeutung ist derzeit gering.

Wie sich der Rat für gegenseitige Wirtschaftshilfe im Rahmen der zur Zeit in den osteuropäischen Mitgliedsländern des RgW vor sich gehenden Umwälzungen entwickeln wird, ist offen. Der sowjetische Ministerpräsident Nikolai Ryschkow rief am 13. Dezember 1989 in seiner Rede vor dem Kongreß der Volksdeputierten zur Bildung eines gemeinsamen Markts im RgW mit einer konvertiblen Währung und Weltmarktpreisen auf. Dieser soll bereits 1991 beginnen.

Entsprechend den unterschiedlichen Wirtschafts- und Gesellschaftssystemen stehen sich mit Europäischer Gemeinschaft und Rat für gegenseitige Wirtschafthilfe zwei unterschiedliche Integrationsmodelle gegenüber. Sind die wirtschaftlichen Ziele weitgehend identisch, so unterscheiden sie sich jedoch zumindest hinsichtlich ihres Endziels. Obwohl im Statut des RgW und im Komplexprogramm von einem strategischen Endziel einer "sozialistischen Integration" gesprochen wird, ist sie nirgendwo definiert. Anders dagegen ist es in der EG, wo im EWG-Vertrag von der Schaffung eines "Gemeinsamen Marktes" gesprochen wird, und wo die Integration doch schon in einigen Teilbereichen recht weit fortgeschritten ist.

2.6 Zusammenfassung

Die Geschichte der Idee der europäischen Einigung ist, wie dargestellt wurde, bereits eine relativ alte. Die Geschichte ihrer Verwirklichung, zumindest in einem Teil Europas, nach zwei verheerenden Kriegen mit einem bis dahin unbekannten Vernichtungspotential, ist jedoch noch ziemlich jung.

Nach der Vorstellung der Geschichte der (west-)europäischen Einigung soll nun in dem folgenden Kapitel auf die Politik in "Europa" nach Inkrafttreten der "Römischen Verträge" eingegangen werden .

3 DIE ENTWICKLUNG DER EUROPÄISCHEN GEMEINSCHAFT SEIT DEN "RÖMISCHEN VERTRÄGEN"

Die Entwicklung der Europäischen Gemeinschaft seit 1957 kann man in drei Phasen untergliedern: Die EG bis zur Vollendung der Zollunion, die EG in den siebziger Jahren, die EG in den achtziger Jahren.

3.1 Die Europäische Gemeinschaft bis zur Vollendung der Zollunion

Grundlage der Europäischen Gemeinschaft nach den "Römischen Verträgen" sollte die Schaffung einer Zollunion sein. Darüber hinaus waren, wie bereits beschrieben, noch weitere Ziele gesetzt: die Schaffung eines Gemeinsamen Marktes und die Schaffung einer Wirtschafts- und Währungsunion.

Am 1. Januar 1958 traten die "Römischen Verträge" in Kraft. Die ersten zehn Jahre standen unter dem Zeichen rascher Fortschritte in der wirtschaftlichen Integration. Darüber hinausgehende Schritte einer politischen Einigung stießen rasch auf Widerstand.

3.1.1 Erste Erfolge auf wirtschaftspolitischem Gebiet

Schon ein Jahr später begann mit einer zehnprozentigen Steuersenkung der Aufbau einer Zollunion. Eineinhalb Jahre früher als im EWG-Vertrag vorgesehen, nämlich bis zum 1. Juli 1968, waren die noch bestehenden Zölle zwischen den Mitgliedsstaaten der EG fast vollständig, ab 1. Januar 1970 durch Einbeziehung auch der landwirtschaftlichen Produkte gänzlich abgebaut. Gleichzeitig wurden die Zölle der Sechs gegenüber Drittländern angeglichen. Dadurch wurde ein gemeinsamer EG-Außenzoll geschaffen. Dessen Erträge fließen in die EG-Kasse und bilden heute neben einem Anteil an der Mehrwertsteuer der einzelnen Mitgliedsstaaten eine der Finanzierungsgrundlagen der Europäischen Gemeinschaft. Die heute noch bestehenden Grenzen sind also demnach keine Zoll- sondern Steuergrenzen. Ursache ist, daß die Warenvorschriften (Besteuerungen) noch nicht angeglichen sind. Bis zum Jahre 1992 ist eine Harmonisierung des Systems der Besteuerungen geplant.

In den ersten zehn Jahren nach Inkrafttreten der "Römischen Verträge" wurde die Freizügigkeit der Arbeitnehmer (ab. 8. November 1968) verwirklicht, ebenso eine Niederlassungsfreiheit von juristischen und natürlichen Personen. Die Niederlassungsfreiheit von freien Berufen, wie z. B. Ärzten, ist immer noch an ein staatliches Diplom und dessen Anerkennung in dem betreffenden Mitgliedsland gebunden.

Am 14. Januar 1962 wurden die ersten Marktordnungen für verschiedene Agrarprodukte verabschiedet. Damit war der gemeinsame Agrarmarkt begründet, der bis heute der am meisten vergemeinschaftete Bereich innerhalb der Europäischen Gemeinschaft ist. Für die wichtigsten Agrargüter wurde anstelle eines Außenzolls ein Abschöpfungssystem im Rahmen der gemeinschaftlichen Marktordnungen eingeführt. - Auf die Gemeinsame Agrarpolitik wird noch gesondert eingegangen.

3.1.2 Rückschläge auf politischem Gebiet

Die Erfolge bei der Verwirklichung der Zollunion fanden jedoch keinen entsprechenden Rückhalt im politischen Bereich: Am 5. September 1960 schlug General de Gaulle die regelmäßige Zusammenarbeit der europäischen Staaten auf politischem Gebiet und die Einrichtung gemeinsamer Organe vor. Im Februar 1961 beschlossen daraufhin die Staats- und Regierungschefs der Mitgliedsländer die Bildung eines Ausschusses unter dem Vorsitz des französischen Diplomaten Fouchet. Ungefähr ein halbes Jahr später, im November 1961, unterbreitete der Ausschuß dem Rat der Außenminister den ersten Entwurf zur Gründung einer Europäischen Politischen Union, den sogenannten "**Fouchet-Plan I**". Eine Reihe von Änderungswünschen wurde auf der Konferenz besprochen. Diese sollten von dem Ausschuß überprüft werden. Im Januar 1962 unterbreitete jedoch Fouchet einen zweiten Entwurf ("**Fouchet-Plan II**"). Dieser wurde von den anderen Delegationen abgelehnt, die ihrerseits einen Gegenentwurf ausarbeiteten. Man war der Meinung, daß der Fouchet-Plan-II die Gefahr der Aushöhlung der bereits gefundenen Gemeinschaftsregelungen in sich berge. Es kam jedoch zu keinem Ergebnis. Die Verhandlungen zur Schaffung einer Europäischen Politischen Union waren gescheitert. Zu gegensätzlich waren die Konzepte: Schwebte nämlich de Gaulle ein Europa der Vaterländer, d. h. eine Konföderation vor, so gingen die übrigen fünf Mitgliedsstaaten von der Idee des Vaterlandes Europa, d. h. der Föderation aus.

In den folgenden Jahren war die Europäische Gemeinschaft noch zwei bedeutenden Belastungsproben ausgesetzt. Im Sommer 1961 stellte Großbritannien neben Irland und Dänemark den Antrag auf Beitritt zur EWG. Im Januar 1963 blockierte jedoch de Gaulle die Beitrittsverhandlungen. Die weitreichenden Verpflichtungen Großbritanniens im Commonwealth und in erster Linie die engen Bindungen an die USA störten den französischen Staatspräsidenten, der das Konzept eines den USA gegenüber eigenständigen Europa propagierte.

Zwei Jahre später, im Sommer 1965, wurde von der französischen Regierung ihr Vertreter aus dem Ministerrat zurückgerufen. Frankreich praktizierte von nun an eine "Politik des leeren Stuhls". Ursache bzw. Anlaß war, daß der Ministerrat nicht termingerecht eine Einigung über die umstrittene Agrarfinanzierung fand.

Zugrunde lagen die Vorschläge der Kommission, die eigene Einnahmen für die Europäische Gemeinschaft und eine Mitwirkung des Europäischen Parlaments bei der Aufstellung des Haushaltsplans vorsahen. Der eigentliche Hintergrund waren allerdings die Befürchtungen de Gaulles um Verlust der nationalen Souveränität bei der geplanten Einführung des Mehrheitsprinzips in den europäischen Gremien. Der Konflikt wurde schließlich ein halbes Jahr später, im Januar 1966, mit dem sogenannten "**Luxemburger Kompromiß**" beigelegt, durch den das Einstimmigkeitsprinzip anstelle des eigentlich vorgesehenen Mehrheitsprinzips für die Entscheidungen des Rats auch weiterhin bestehen blieb. Dadurch war erneut ein bedeutender Rückschlag in den europäischen politischen Einigungsbemühungen zu verzeichnen: Die Außerkraftsetzung des Mehrheitsprinzips führte zugleich zu einer erheblichen Schwächung der der Kommission über ihr Vorschlagsmonopol zugedachten Rolle.

Damit war zunächst auch die Hoffnung der Autoren der "Römischen Verträge" gescheitert, daß der wirtschaftlichen Integration zwangsweise die politische folgen müßte. Diese "Automatik" stellte sich nicht ein. Hierzu fehlte auf Seiten der EG-Mitglieder der politische Wille. Aber auch bei der Verwirklichung der wirtschaftspolitischen Einigung, wie z. B. einer Steuerharmonisierung oder einer gemeinsamen Verkehrspolitik, zeigten sich Interessengegensätze, so daß die Integration auf den verschiedenen Bereichen sich sehr unterschiedlich entwickelte. Auf dem Gebiet der Agrarpolitik, Wettbewerbspolitik, Außenhandelspolitik sind mittlerweile die gemeinsamen Politiken weitgehend verwirklicht.

Es zeigte sich jedoch, daß die wirtschaftliche Einigung ohne vollständige Wirtschafts- und Währungsunion gefährdet war. Es schien zehn Jahre nach Inkrafttreten der "Römischen Verträge" der Zeitpunkt gekommen, der EG neue Impulse zu geben, um den begonnenen Weg der Einigung voranzutreiben und zu vertiefen.

3.2 Die Europäische Gemeinschaft in den siebziger Jahren

Ab 1969 fand eine Reihe von Gipfelkonferenzen der Staats- und Regierungs-Chefs statt. Nach Abschluß der Zollunion und damit der Übergangsphase der EWG, ferner unter dem Eindruck internationaler Währungskrisen galt es zu verhindern, daß die Gemeinschaft stagnierte oder Rückschritte machte.

3.2.1 Der Haager Gipfel: Aufbruch zu neuen Zielen

Im Dezember 1969 fand der Haager Gipfel statt, der weitreichende Ziele formulierte:

- Einstieg in die Endphase der Gemeinsamen Agrarpolitik;
- Schaffung eines Systems eigener Einnahmen der Gemeinschaft anstelle von Beiträgen der Mitgliedsstaaten;
- Eröffnung der Beitrittsverhandlungen mit Dänemark, Großbritannien, Irland und Norwegen;
- stufenweise Einrichtung der Wirtschafts- und Währungsunion in drei Etappen bis 1980;
- Aufforderung an die Außenminister zu prüfen, wie in der Perspektive der Erweiterung am besten Fortschritte auf dem Gebiet der politischen Einigung erzielt werden könnten;
- Verstärkung der Sozialpolitik (durch Erneuerung des Sozialfonds mit Wirkung ab dem 1. Mai 1973. Dieser sollte zu einem aktiven Instrument der Beschäftigungspolitik werden);
- Intensivierung der technologischen Arbeit der Gemeinschaft und der Tätigkeiten der Euratom.

3.2.2 Die Entwicklung nach dem Haager Gipfel

Schon bald nach Beendigung der Konferenz ging man an die Verwirklichung der skizzierten Aufgaben. Dabei sind aber manche der genannten

Ziele, wie z. B. die Wirtschafts- und Währungsunion, bis heute noch nicht realisiert. Zum 1. Januar 1973 traten Dänemark, Großbritannien und Irland der EG bei, während die norwegische Bevölkerung in einer Volksabstimmung dies ablehnte. - Zum 1. Januar 1981 wurden Griechenland, fünf Jahre später Spanien und Portugal EG-Mitglied. -

Durch Beschluß des Ministerrats vom 21. April 1970 und des Vertrages zwischen den sechs Mitgliedern vom 22. April 1970 wurden der EG eigene Einnahmen zugebilligt, die bis 1975 stufenweise eingeführt wurden. Seitdem setzen sich die Einnahmen wie folgt zusammen:

- Abschöpfungen, Prämien, Zusatz- und Ausgleichsbeträge aus der Gemeinsamen Agrarpolitik;
- Zölle des Gemeinsamen Zolltarifs, wobei davon 10 Prozent den Mitgliedsstaaten als Erhebungskosten rückerstattet werden;
- ein Anteil an der Mehrwertsteuer, der jedoch 1,4 Prozent der steuerlichen Bemessungsgrundlage nicht überschreiten darf;
- sonstige Abgaben, die an die EG vertraglich zu leisten sind.

Währungspolitische Initiativen

Hinsichtlich der Schaffung einer Wirtschafts- und Währungsunion wurde bereits am 9. Februar 1970 der erste Schritt getan: Die Gouverneure der Zentralbanken beschlossen, aufgrund eines Ratsbeschlusses vom 27. Januar 1970 ein System kurzfristiger Währungsstützung in Kraft zu setzen. Ziel dieses Systems sollte ein Beistand bei akuten Währungsschwierigkeiten sein. Das Abkommen hatte jedoch enge Grenzen, sowohl hinsichtlich der Laufzeit als auch der Höhe der Kredite.

Noch im Verlauf des Jahres 1970 tauchten verschiedene Pläne auf, die die jeweiligen Auffassungen und Praktiken von Wirtschaftspolitik in den einzelnen Mitgliedsländern der Gemeinschaft widerspiegelten: Auf der einen Seite standen die "**Ökonomisten**", die den Geldwert stabil halten wollten und deshalb vor Einführung einer gemeinsamen Währungsunion eine gemeinsame Wirtschafts- und Konjunkturpolitik forderten. Auf der anderen Seite standen die "**Monetaristen**", die vor allem einen Beistand bei Währungsschwierigkeiten der einzelnen Mitgliedsstaaten forderten, ohne daß bereits eine gemeinsame Wirtschafts-, Währungs- und Konjunkturpolitik entwickelt worden wäre. Die Kommission legte ihrerseits einen Entwurf vor, der einen Ausgleich zwischen diesen beiden Richtungen suchte. Dieser Entwurf war ein Drei-Stufen-Plan, an dessen Ende spätestens 1980 die Übertragung wirtschaftspolitischer Befugnisse, freier

Kapitalverkehr, Abschaffung der Steuergrenzen, Abschaffung der Bandbreiten der Währungen, die Schaffung eines EWG-Reservefonds und eines Rats der Zentralbankpräsidenten hätten stehen sollen.

Um zu einer gemeinsamen Grundauffassung zu kommen, hatte schließlich der Ministerrat am 6. März 1970 die Einsetzung eines Sachverständigenausschusses unter Vorsitz des damaligen luxemburgischen Ministerpräsidenten Pierre Werner beschlossen. Der sogenannte "**Werner-Plan**" wurde am 8. Oktober 1970 veröffentlicht. Er strebte ebenfalls bis zum Jahre 1980 in einem Drei-Stufen-Plan die Schaffung einer vollständigen Wirtschafts- und Währungsunion mit weitgehenden Übertragungen von nationalen Rechten auf die Gemeinschaftsebene an.

Über den Werner-Plan konnten die nationalen Regierungen zu keiner einheitlichen Auffassung kommen. Deshalb entschloß sich die Kommission, die das Initiativrecht auch in diesem Fall hatte, dem Ministerrat zunächst nur die erste Stufe vorzuschlagen, die vor allem haushalts-, finanz-, steuer- und währungspolitische Maßnahmen umfaßte, wie z. B.:

- die allgemeine Einführung des Mehrwertsteuersystems und die Harmonisierung (Angleichung) der Steuersätze;
- die Abschaffung der Hindernisse für den Kapitalverkehr und die Abstimmung der Kapitalmarktpolitik;
- die vorherige und regelmäßige Beratung im Ausschuß der Zentralbankratpräsidenten im Hinblick auf die Festlegung von Orientierungsdaten für die Zinssätze, die Bankenliquidität und die Kreditgewährung;
- Schritte in Richtung auf die gemeinsame Vertretung der Gemeinschaft bei den internationalen Finanzorganisationen;
- die allmähliche Verringerung der Wechselkursschwankungen.

Nach zahlreichen Sitzungen einigte sich am 9. Februar 1971 der Ministerrat, im Laufe von zehn Jahren die Wirtschafts- und Währungsunion zu schaffen und beschloß die Maßnahmen der ersten Stufe sowie die versuchsweise Einführung der Verringerung der Bandbreiten der Gemeinschaftswährungen.

Es zeigte sich in den folgenden Monaten aber, angesichts der Währungskrise, daß der gefundene Kompromiß nicht tragfähig war, so daß neue Beschlüsse notwendig wurden.

Versuche zur Koordinierung der europäischen Außenpolitik.

An die Außenminister war auf der Haager Gipfelkonferenz der Auftrag ergangen, zu prüfen, wie "in der Perspektive der Erweiterung am besten Fortschritte auf dem Gebiet der politischen Einigung erzielt werden könnten." Aus dieser Aufforderung heraus entwickelten die Außenminister ab 1970 die **Europäische Politische Zusammenarbeit (EPZ)**. Auf ihrer Konferenz in Luxemburg am 27. Oktober 1970 einigten sich die Außenminister endgültig auf die Grundsätze und Verfahrensweisen der engeren politischen Zusammenarbeit. In ihrem "Luxemburger Bericht" sind Ziele und Methoden einer pragmatischen Zusammenarbeit auf außenpolitischem Gebiet, das nach dem "Römischen Verträgen" nicht zum Zuständigkeitsbereich der EG-Organe gehörte, niedergelegt. Als Schwerpunkte fordert der "Luxemburger Bericht" jährlich mindestens zwei Konferenzen der Außenminister, ferner mindestens vier Zusammenkünfte des "Politischen Komitees", dem die Leiter der politischen Abteilungen der Außenministerien angehören, sowie besondere Arbeitsgruppen der Europa- und Fachreferenten.

Auf der Gipfelkonferenz der Staats- und Regierungschefs vom Oktober 1972, auf die noch eingegangen wird, wurde eine weitere Verstärkung der politischen Zusammenarbeit beschlossen. Ferner wurde ein zweiter Bericht der Außenminister über die Verbesserung der Zusammenarbeit vereinbart. Dieser zweite Bericht, der sogenannte "Kopenhagener Bericht", wurde am 23. Juli 1973 vorgelegt. Die Zusammenarbeit sollte, wie bereits im "Luxemburger Bericht" niedergelegt, folgende Ziele verfolgen:

- die Gewährleistung einer besseren gegenseitigen Verständigung über die großen Probleme der internationalen Politik durch regelmäßige Unterrichtung und Konsultationen;
- die Festigung der Solidarität der Regierungen durch Harmonisierung der Standpunkte, Abstimmung der Haltungen und ggf. durch ein gemeinsames Vorgehen in internationalen Fragen.

Die eingeführten Mechanismen waren zum Teil auf den bestehenden Verfahren begründet, die sich seit dem "Luxemburger Bericht" entwickelt hatten, und zum Teil auf neuen Verfahren. Die Außenminister sollten viermal jährlich zusammenkommen und zwischen ihren Tagungen Konsultationen abhalten. Zusätzlich sind in dem "Kopenhagener Bericht" Adhoc-Arbeitsgruppen zur Vertiefung der Konsultationen in Einzelfragen aus entsprechend der anstehenden Thematik zuständigen Beamten vorgeschlagen. Die Botschaften der Mitgliedsstaaten sind in die Durchführung der Europäischen Politischen Zusammenarbeit eng mit einbezogen. Die Botschaften erhalten die gemeinschaftlichen Informationen von den Außenministern ihres jeweiligen Dienstortes. Darüber hinaus werden sie gelegentlich beauftragt, Konsultationen über bestimmte Themen abzuhalten, entweder am Sitz der Präsidentschaft oder an einem anderen Ort. Die Botschaften in Drittländern oder die Ständigen Vertretungen bei den internationalen Organisationen erhalten regelmäßige Informationen zu bestimmten Fragen. Im Vergleich zum "Luxemburger Bericht" wurde die Rolle der Präsidentschaft genauer definiert: Ihre Aufgabe sollte es sein, für die kollegiale Durchführung der bei Tagungen der Minister und des Politischen Komitees beschlossenen Ergebnisse zu sorgen, ferner, aus eigener Initiative oder der eines Mitgliedsstaates die Konsultation auf geeigneter Ebene vorzuschlagen. Wie bereits in Luxemburg festgelegt, liegt die Präsidentschaft in Händen des Mitgliedsstaates, der bereits die Präsidentschaft im EG-Ministerrat inne hat.

In den folgenden Jahren entwickelte sich die EPZ zu einer der erfolgreichsten Formen gemeinsamer europäischer Politik in den siebziger Jahren, wobei es sich jedoch nicht um ein EG-Organ handelt.

3.2.3 Der Pariser Gipfel (1972): Fahrplan für die siebziger Jahre

Eine weitere bedeutende Gipfelkonferenz neben der Haager Konferenz war die bereits kurz angesprochene Konferenz der Staats- und Regierungschefs in Paris vom 20. bis 21. Oktober 1972. Mit dieser Konferenz wurden die Beitrittsverhandlungen positiv abgeschlossen. Die Regierungschefs Dänemarks, Großbritanniens und Irlands nahmen bereits an den Verhandlungen teil. Deren Ergebnis war ein umfangreiches Abschlußkommuniqué, das als Integrationsfahrplan für die siebziger Jahre bezeichnet wurde:

Bis zum 1. April 1973 sollte ein gemeinsamer Fonds für währungspolitische Zusammenarbeit gegründet werden. Dies geschah dann auch am 3. April 1973. Der Fonds nahm am 6. April in Luxemburg seine Tätigkeit auf. Ihm sollte später die gesamte Verwaltung der Währungsreserven übertragen werden. In der Zeit nach der ersten Ölkrise im Oktober 1973 mit der allgemeinen Verschärfung der Lage auf dem Devisen- und Arbeitsmarkt erwies sich jedoch, daß die von vielen Seiten gehegten Hoffnungen, die Integration durch einen Währungsverbund und ein engeres

Wechselkursgefüge zu fördern, sich nicht erfüllten. Aus dem bereits am 11. März 1973 vereinbarten Gruppen-Floaten schied Frankreich in der Folgezeit mehrmals aus; ab dem 15. März 1976 nahmen nur noch die Beneluxstaaten, die Bundesrepublik Deutschland und Dänemark daran teil.

Der wichtigste Beratungsgegenstand war die entschlossene Intensivierung der Wirtschafts- und Währungsunion: Zum 1. Januar 1974 sollte der Eintritt in die zweite Stufe der Wirtschafts- und Währungsunion vollzogen werden. Es zeigte sich nämlich, daß jeder weitere Fortschritt auf dem Gebiet der wirtschaftlichen Integration mit dieser Frage zusammenhing. Die inflationäre Entwicklung, die Krise des Dollar, das Ende des Weltwährungssystems von Bretton Woods machten eine solidarische Haltung der EG-Staaten erforderlich. Denn nachdem der Dollar nicht mehr fest und in Gold austauschbar war, mußten die EG-Staaten versuchen, zu einem eigenen festen Währungssystem zu kommen. Hier bestanden jedoch unüberwindliche Schwierigkeiten. Denn weder war der bereits skizzierte grundlegende Gegensatz zwischen "Ökonomisten" und "Monetaristen" überwunden, noch war über die Prinzipien einer gemeinschaftlichen Wirtschafts- und Währungspolitik eine einheitliche Haltung zu erzielen.

Bis zum Januar 1974 setzten die Staats- und Regierungschefs eine letzte Frist für die Herbeiführung von Beschlüssen über die Verbesserung der Entscheidungsstruktur der EG-Institutionen. Jedoch wurde hier kein Ergebnis erzielt. Bis zum 31. Dezember 1980 sollte die Wirtschafts- und Währungsunion verwirklicht und eine Europäische Union gegründet werden. Auch diese Ziele wurden nicht erreicht.

3.2.4 Der Kopenhagener Gipfel als Wendepunkt

Der Kopenhagener Gipfel vom 14. bis 15. Dezember 1973 stand ganz im Zeichen des vierten Nahost-Krieges und der Ölkrise. Gleichzeitig waren auch wesentliche Punkte, wie z. B. die zum 31. Dezember 1973 beabsichtigte Einrichtung des Regionalfonds, umstritten. Ergebnis des Gipfels waren eine Wiederholung einer Vielzahl der früheren Absichtserklärungen zur Europäischen Einigung und zur Rolle Europas in der Welt, ferner eine "Erklärung zur europäischen Identität". Eine Weiterentwicklung der Diskussion um die Vollendung der Wirtschafts- und Währungsunion kam nicht zustande, sondern lediglich eine Beauftragung der Gemeinschaftsorgane, die notwendigen Schritte zu deren Verwirklichung zu unternehmen.

Mit dieser Kopenhagener Gipfelkonferenz, die häufig auch als "Krisenkonferenz ohne Krisenbewältigung" bezeichnet wird, war ein Wendepunkt in der Serie der in unregelmäßigen Abständen an wechselnden Orten stattfindenden Gipfel erreicht. Proklamationen und allgemein gehaltene Aufträge reichten nicht aus. Die Notwendigkeit eines regelmäßigen Zusammentreffens der Staats- und Regierungs-Chefs wurde erkannt. Insbesondere der französische Staatspräsident Valérie Giscard d'Estaing und Bundeskanzler Helmut Schmidt suchten auf dem Hintergrund dieser Erfahrungen nach neuen Formen der Zusammenarbeit, um besser auf internationale, europäische und nationale Entwicklungen einwirken zu können. Dabei dachten sie an ein Gremium, das - neben den EG-Organen - im vertraulichen und problemorientierten Gespräch eine Abstimmung der nationalen Politiken ermöglichen sollte.

3.2.5 Der Pariser Gipfel (1974): Gründung des "Europäischen Rates"

Entscheidende Schritte wurden dann auf der Pariser Gipfelkonferenz vom 9. bis 10. Dezember 1974 unternommen: Hier wurde der **Europäische Rat** "gegründet". Diesem, nicht in den Verträgen vorgesehenen Organ, gehören die Staats- und Regierungschefs, die Außenminister, der Präsident und der Vizepräsident der Kommission der Europäischen Gemeinschaft an. Der Rat tagt als höchstes Entscheidungsgremium seit seinem ersten Zusammentreten am 10. bis 11. März 1975 jeweils zweimal jährlich sowie zusätzlich nach Bedarf. Den Vorsitz hat der Staats- bzw. Regierungschef des Mitgliedslandes, das die halbjährlich wechselnde Präsidentschaft in der Gemeinschaft inne hat. Als Aufgabe stellten sich die Staats- und Regierungschefs, die Entwicklung und den Gesamtzusammenhang der Tätigkeiten der Gemeinschaften und die Arbeit der politischen Zusammenarbeit zu gewährleisten. Dabei wäre die Gründung des Europäischen Rates nicht notwendig geworden, wenn die Mitgliedsstaaten die Gemeinschaftsorgane in die Lage versetzt hätten, auf die neuen Herausforderungen mit wirksamen Maßnahmen zu reagieren. Im einzelnen sollte der Europäische Rat folgende Aufgaben erfüllen:

- Setzen allgemeiner politischer Impulse für Europa und Erlaß allgemeiner politischer Leitlinien für die Entwicklung und Zusammenar-

beit der Europäischen Gemeinschaft und der Europäischen Politischen Zusammenarbeit;
- Förderung der Europäischen Union;
- Festlegung gemeinsamer Standpunkte in allen Bereichen internationaler Politik, die die Belange der Europäischen Gemeinschaft berühren;
- Verbesserung der Gemeinschaftsverfahren;
- Entwicklung neuer gemeinsamer Politiken;
- Informeller und weitgefaßter Gedankenaustausch über europäische und internationale Probleme;
- Formulierung gemeinsamer Standpunkte zu politischen und wirtschaftlichen Fragen;
- Entscheidung über Fragen, die bei Beratungen auf Ministerebene nicht gelöst werden konnten.

Weiterhin bekräftigten die Staats- und Regierungschefs in Paris das Ziel der Schaffung einer Europäischen Union und beauftragten den belgischen Ministerpräsidenten Leo Tindemans, einen Bericht über den Aufbau der Europäischen Union auszuarbeiten. Ferner wurde beschlossen, daß das Vertragsziel der allgemeinen Wahl des Europäischen Parlaments sobald wie möglich verwirklicht werden sollte. Bemerkenswert ist auch folgende Feststellung in dem Abschlußkommuniqué der Konferenz: "Die Kompetenzen des Europäischen Parlaments werden erweitert, insbesondere durch Übertragung bestimmter Befugnisse im Gesetzgebungsverfahren der Gemeinschaft."

Das Europäische Parlament nahm in seiner Sitzung am 14. Januar 1975 mit großer Mehrheit den Entwurf des Vertrages über die allgemeine und unmittelbare Wahl seiner Mitglieder an. In Rom beschloß der Europäische Rat am 1. und 2. Dezember des gleichen Jahres das Datum für die erste Direktwahl. Diese sollte im Mai oder Juni 1978 stattfinden, wurde schließlich jedoch um ein Jahr verschoben. 1984 wurde das Europäische Parlament zum zweiten, 1989 zum dritten Mal direkt gewählt. Eine Erweiterung seiner Kompetenzen läßt jedoch immer noch auf sich warten.

3.2.6 Der Europäische Rat als neues "Lenkungsorgan"

Neben der Europäischen Politischen Zusammenarbeit (EPZ) der Außenminister ist mit dem Europäischen Rat ein weiteres intergouvernementales Organ entstanden, das in den Römischen Verträgen nicht vorgesehen war. Dabei findet jedoch keine formale Trennung zwischen "normaler" Ratstagung und einer Tagung der EPZ statt. Vielmehr werden EPZ- und Ratstagungen verbunden. Der Europäische Rat ist nun das Gremium, das in der Praxis die politischen Grundsatzentscheidungen der Europäischen Gemeinschaft fällt. Die Kommission, die mit Präsident und Vizepräsident vertreten ist, trägt durch Arbeitsdokumente maßgeblich zur Vorbereitung der Tagungsthemen bei, soweit diese Gemeinschaftsthemen berühren.

In den seiner Gründung folgenden Jahren hat sich der Europäische Rat in entscheidungsbedürftigen Situationen zu einem Lenkungsorgan der Gemeinschaft entwickelt: Die wegweisenden Beschlüsse gingen von diesem Gremium aus:

In Rom wurde am 1. bis 2. Dezember 1975 die Direktwahl des Europäischen Parlamentes - in Brüssel am 12. und 13. Juli 1976 die Verteilung der Sitze auf die einzelnen Mitgliedsstaaten - beschlossen. Auch im Tindemans-Bericht zum Stand der Europäischen Union, der ebenfalls Tagesordnungspunkt in Rom war, wurde die Direktwahl des Europäischen Parlaments besonders erwähnt. Der Tindemans-Bericht betonte die Verstärkung der demokratischen Legitimität des gesamten europäischen institutionellen Rahmens durch eine allgemeine direkte Wahl des Parlamentes. Der u. a. auf der Basis der Berichte der einzelnen Institutionen erstellte Bericht, der am 7. Januar 1976 veröffentlicht wurde, fordert u. a. eine einzige Entscheidungszentrale mit ausreichender Autorität, die Verstärkung der gemeinschaftlichen Außenpolitik, eine verstärkte Solidarität, im wirtschaftlichen Bereich die Verwirklichung einer vollständigen Wirtschafts- und Währungsunion mit einer zusammenhängenden Wirtschafts-, Währungs-, Geld- und Haushaltspolitik. Die in dem Tindemans-Bericht vorgeschlagenen Schritte zur Errichtung der Europäischen Union wurden zwar von den nationalen Regierungen überwiegend als positiv anerkannt, konkrete Schritte wurden jedoch bis heute, wenn von der Einheitlichen Europäischen Akte abgesehen wird, nicht unternommen.

Weitere wegweisende Beschlüsse des Europäischen Rates waren:
Auf der Tagung des Europäischen Rates am 6. bis 7. Juli 1978 in Bremen wurde ein "System für eine engere währungspolitische Zusammenarbeit" erörtert, die zu einer "stabilen Währungszone in Europa" führt. Auf der Ratstagung in Brüssel am 4. bis 5. Dezember 1978 wurde schließlich die

Der europäische Rat als neues "Lenkungsorgan"

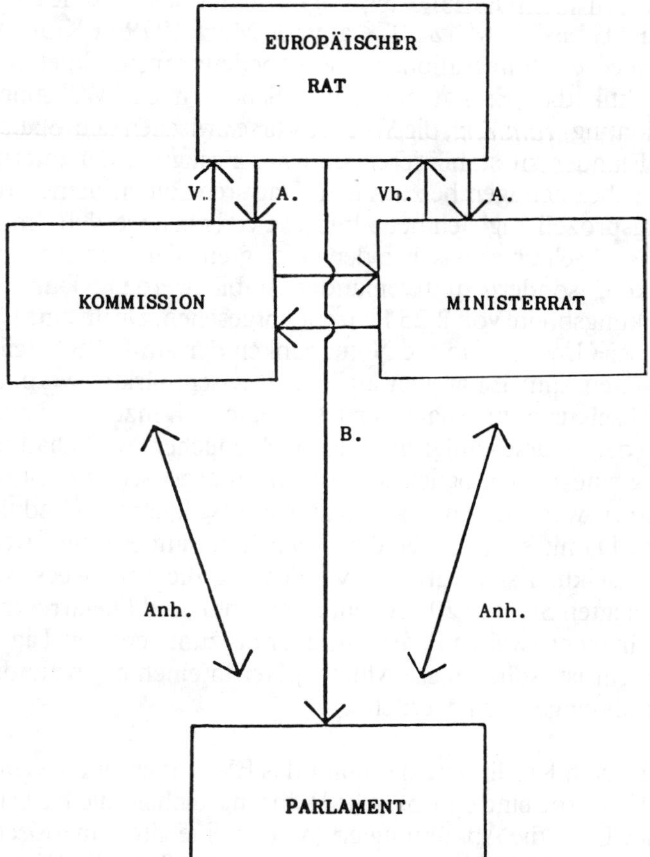

A. = Arbeitsaufträge; V. = Vorlage von Arbeitspapieren; Vb. = Vorbereitung; B. = Berichterstattung; Anh. = Anhörung, Anfragen

Entschließung zur Gründung des Europäischen Währungs-Systems (EWS) zum 1. Januar 1979 verabschiedet.

3.2.7 Exkurs: Das Europäische Währungs-System

Das Europäische Währungs-System trat nach Beschluß des Pariser Gipfels vom 11. bis 12. März 1979 am 13. März 1979 in Kraft. Das EWS stellt bisher das integrationspolitisch bedeutsamste Ergebnis europäischer Politik dar: Es hat nach dem Scheitern der Währungsschlange (Blockfloating) zum Ziel, die Wechselkurse zwischen den Währungen der Mitgliedsländer zu stabilisieren und zur Festigung der internationalen Währungsbeziehungen beizutragen. Dadurch sollten dem europäischen Einigungsprozeß zugleich neue Impulse verliehen werden. Im EWS sollten die Wechselkurse zwischen den beteiligten Währungen nicht mehr frei schwanken, sondern untereinander stabil werden. Dazu war eine Schwankungsbreite von 2,25 Prozent vorgesehen. Droht eine Überschreitung dieser Grenze, sind die Notenbanken der am EWS beteiligten Mitgliedsstaaten zum Eingreifen auf den Devisenmärkten verpflichtet, um die Wechselkurse innerhalb der festgelegten Grenzen zu halten. Änderungen der Kurse aufgrund unterschiedlicher wirtschaftlicher Entwicklung sind aber möglich und sollen im gegenseitigen Einvernehmen beschlossen werden. Zudem wurde ein ausgedehntes Kreditsystem geschaffen. Damit sollte unter den Teilnehmerländern eine Reduzierung der Wechselkursrisiken erreicht werden. Zu diesem Zweck werden von den beteiligten Staaten 20 Prozent ihrer Gold- und Dollarreserven bereitgestellt. In einer zweiten Phase, die aber bis zum heutigen Tag noch nicht verwirklicht ist, sollen diese Mittel später in einen eigenständigen Währungsfonds eingebracht werden.

Neben diesem Kreditsystem umfaßt das EWS noch einen weiteren Kernpunkt: Es wurde eine europäische Währungseinheit, die ECU (European Currency Unit, die Abkürzung erinnert an eine alte französische Münze, die von 1266 bis 1790 geprägt wurde), geschaffen. Die Währungen der EWS-Mitglieder haben einen auf die ECU bezogenen Leitkurs. Folgende Währungen sind mittlerweile beteiligt: Belgisch-Luxemburger Franc, DM, Französischer Franc, Dänische Krone, Italienische Lira, Irisches Pfund, Niederländischer Gulden, Spanischer Escudo (seit 19. Juni 1989). Die Bedeutung des EWS liegt nun darin, daß es einen Mechanismus zur Wechselkursstabilität als Gemeinschaftssystem begründet, eine deutliche Vorform von Gemeinschaftswährung in ECU schuf und erstmals offiziell eine "Federal Reserve Bank" als künftige Institution versprach. Das EWS ist dabei eine erweiterte Fortsetzung der "Währungsschlange", eine geläufige Bezeichnung für den EG-Währungsverbund, der im April 1972 eingeführt worden war. An dem Blockfloaten innerhalb dieses Währungsverbundes nahmen jedoch nie alle Mitglieder der Europäischen Gemeinschaft teil, wie dies bereits dargestellt wurde.

Bis in die zweite Hälfte der achtziger Jahre war bei der Weiterentwicklung des EWS kein Fortschritt erzielt worden. Erst im Zuge der Bemühungen um den Europäischen Binnenmarkt, der Verwirklichung einer Wirtschafts- und Währungsunion, kam Bewegung in die Debatte um das EWS: Auf seiner Tagung in Hannover vom 27. bis 28. Juni 1988 hatte der Europäische Rat die Einsetzung einer Arbeitsgruppe beschlossen, die konkrete Etappen zur Verwirklichung der Wirtschafts- und Währungsunion überprüfen und entsprechende Vorschläge unterbreiten sollte. Dieser Arbeitsgruppe unter Leitung von Kommissionspräsident Jacques Delors gehörten die Gouverneure/Präsidenten der Zentralbanken an. Am 27. April 1989 wurde eine Drei-Stufen-Modell, der **Delors-Plan**, als Ergebnis vorgelegt. Die erste Stufe soll bereits am 1. Juli 1990 in Angriff genommen werden. Dieses Datum ist der Stichtag für die Liberalisierung der Kapitalbewegungen zwischen den neun EWS-Mitgliedern (nicht beteiligt sind: Griechenland, Großbritannien, Portugal). In der Wirtschafts- und Währungspolitik der zwölf EG-Staaten soll enger zusammengearbeitet werden. Alle EG-Währungen sollen sich dem EWS anschließen. Zwischen Finanzministerrat und dem Rat der Notenbankgouverneure soll eine engere Zusammenarbeit angestrebt werden.

Die zweite und die dritte Stufe würden eine neue Reform der "Römischen Verträge" umfassen. In dieser Reform soll eine Reihe von Kompetenzen in der Währungspolitik auf das "Europäische System der Zentralbanken" übertragen werden. Die Schaffung dieses Systems der Zentralbanken, das aus dem Rat der Notenbankgouverneure hervorgehen soll, ist die wichtigste Neuerung in dieser zweiten Stufe. Dem "Europäischen System der Zentralbanken" sollen alle währungspolitischen Aufgaben obliegen. In dieser Stufe werden Wechselkursanpassungen (Realignments) unter den europäischen Währungen zwar noch zugelassen, allerdings nur in unvermeidlichen Fällen. Allerdings gilt die schrittweise Übertragung der währungspolitischen Entscheidungsgewalt von der nationalen auf EG-Ebene als die grundsätzlichste Schwierigkeit, wozu sich u. a. auch Bundesbankpräsident Pöhl kritisch äußerte.

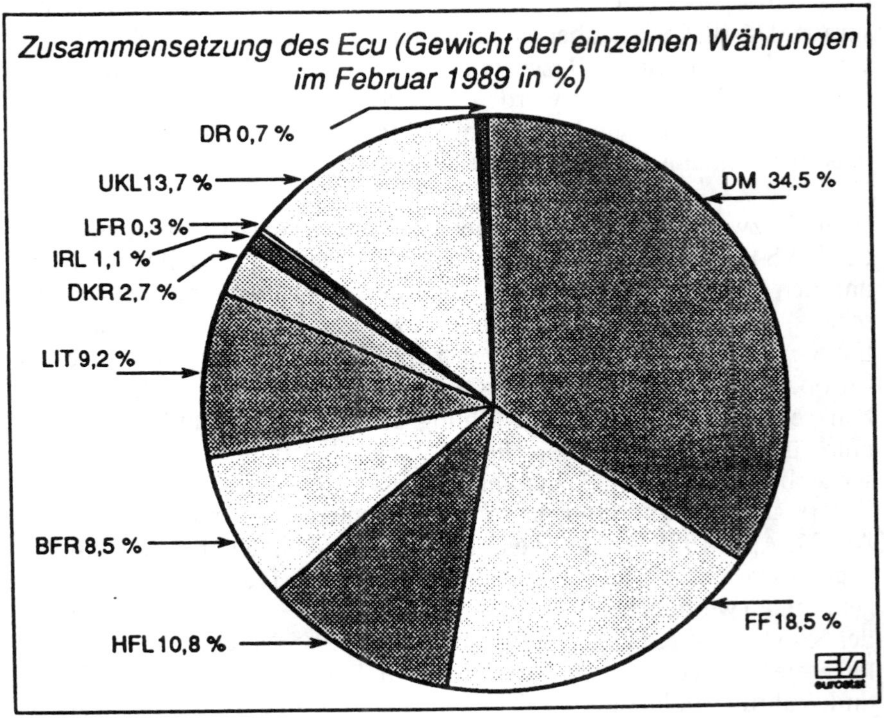

aus: Perspektive 1992. Monatlicher Brief zum Europa ohne Binnengrenzen, Nr. 4/1989, Beilage

In der Endphase, der dritten Stufe, müssen die Wechselkurse im EWS unwiderruflich festgeschrieben werden. Außerdem sollen alle nötigen Vorbereitungen für den Übergang zu einer einheitlichen EG-Währung ge schaffen werden. In der Wirtschafts- und Finanzpolitik sollen die Empfehlungen, die der Ministerrat in Zusammenarbeit mit dem Europäischen Parlament ausspricht, für die Mitgliedsstaaten bindend werden.

Das Delors-Paket war auf dem Gipfel von Madrid vom 26. bis 27. Juni 1989 Gegenstand der Beratungen der Staats- und Regierungschefs. Gegen die Währungsunion sprach sich vor allem die britische Premierministerin Margaret Thatcher aus. Sie befürchtete den Verlust der finanzpolitischen Souveränität. Insgesamt konnten die Zwölf über die späteren

Phasen, in denen Souveränitätsrechte auf neu zu schaffende EG-Institutionen übertragen werden sollen, keine Einigung erzielen.

Anders sind dagegen die Ergebnisse des Straßburger Gipfels vom 8. bis 9. Dezember 1989: Die Staats- und Regierungschefs beschlossen gegen die Stimme der britischen Premierministerin Thatcher das weitere Verfahren in der Wirtschafts- und Währungsunion. Die erste Phase des Delors-Plans soll wie vorgesehen, darin stimmt auch Frau Thatcher zu, am 1. Juli 1990 beginnen. Dabei sollen die zwölf Mitgliedsstaaten der EG die Zusammenarbeit in der Wirtschafts-, Währungs- und Haushaltspolitik eng aufeinander abstimmen. Zur Vorbereitung der Stufen zwei und drei des Delors-Plans soll im Dezember 1990 auf dem italienischen Ratsgipfel eine Regierungskommission einberufen werden. Somit könnten die Regierungsverhandlungen über die Ergänzung der "Römischen Verträge" und die Übertragung nationaler Zuständigkeiten auf ein künftiges "Europäisches System der Zentralbanken" im Frühjahr 1991 beginnen. Dabei soll gleichzeitig darauf geachtet werden, daß es bei der Übertragung nationaler Kompetenzen in der Währungspolitik auf die Gemeinschaft "nicht zu einer Schwächung der demokratischen Kontrolle" kommt. Während der Regierungsverhandlungen soll dementsprechend nach Möglichkeiten einer Stärkung der Befugnisse des Europäischen Parlaments gesucht werden. So schlug z. B. der frühere französische Staatspräsident Giscard d'Estaing vor, daß ein künftiges "Europäisches System der Zentralbanken" dem Europäischen Parlament Rechenschaft geben soll.

3.2.8 Zusammenfassung

Die siebziger Jahre waren eine Zeit des Aufbruchs und der Krise. Die hochgesteckten Ziele zur Verwirklichung der Europäischen Union und zur Errichtung der Wirtschafts- und Währungsunion wurden nicht erfüllt. Trotz allem konnten dennoch einige Erfolge verbucht werden: Im währungspolitischen Bereich die Gründung des Europäischen Währungs-Systems (EWS); die ersten Direktwahlen zum Europäischen Parlament; die Abstimmung der Außenpolitik im Rahmen der Europäischen Politischen Zusammenarbeit (EPZ). Die EPZ beruht jedoch wie der Europäische Rat auf der Zusammenarbeit der nationalen Regierungen und setzte im Prinzip die Aushöhlung der EG-Gemeinschafts-Institutionen zugunsten der nationalen Regierungen fort. Dabei zeichnete sich in den siebziger Jahren auf dem Hintergrund der seit 1973 bestehenden weltweiten Wirtschaftskrise und der Verschärfung der wirtschaftlichen und sozialen Probleme in den Mitgliedsländern eine Krise der EG ab: Immer stärker wurde der Hang der nationalen Regierungen zu Alleingängen, immer geringer ihre Bereitschaft zu gemeinsamem Handeln. Die Gemeinschaft war kaum noch zu politischen Impulsen in der Lage. Auf diesem Hintergrund gab es zu Beginn der achtziger Jahre Reforminitiativen, auf die im folgenden eingegangen werden soll.

3.3 Die Europäische Gemeinschaft in den achtziger Jahren

Am 6. Januar 1981 hatte Bundesaußenminister Hans-Dietrich Genscher eine Initiative zur Gründung der Europäischen Union ergriffen. Der italienische Außenminister Emilio Colombo stimmte zu und schlug vor, einen gemeinsamen Vorschlag in Kontakt mit anderen Regierungen vorzubereiten. Bereits in dieser Phase scheiterte dieses Vorhaben. Dementsprechend zeigte dann der deutsch-italienische Entwurf für eine Europäische Akte vom 4. November 1981 bereits viel Selbstbeschränkung. Nach Überreichung an den Europäischen Rat am 6. November 1981 wurde die Akte in zähen Verhandlungen weiter reduziert. Denn zu groß waren immer noch die nationalen Egoismen.

Auf seiner Stuttgarter Sitzung vom 17. bis 19. Juli 1983 unterzeichnete der Europäische Rat eine "Feierliche Deklaration zur Europäischen Union", zu der jedoch einige Regierungen noch Vorbehalte anmeldeten. Die Erklärung bekundete positiv den Willen der Staats- und Regierungschefs zur Weiterführung der politischen Integration, zur Intensivierung der EPZ. Die Aufgaben des Europäischen Rates sowie der EG und ihrer Organe wurden eng miteinander verknüpft. Zusätzliche Zusammenarbeit im rechtlichen und im kulturellen Bereich wurde vereinbart. Ein Punkt, der noch immer nicht geklärt werden konnte, war die Frage, ob wenigstens die vorhandenen Verträge erfüllt und im Rat mit Mehrheit entschieden würden. Hier wurde keine Einigung erzielt.

Auf der Ratstagung vom 15. bis 16. Juni 1984 in Fontainebleau beschloß schließlich der Europäische Rat die Einsetzung eines Ad-hoc-Ausschusses für institutionelle Reformen. Dieser legte Ende März 1985 seinen Endbericht vor. In Mailand beschloß der Europäische Rat in seiner Tagung vom 28. bis 29. Juni 1985 die Einsetzung einer Regierungskommission zur Änderung und Ergänzung der "Römischen Verträge" gegen die Stimmen Dänemarks, Griechenlands und Großbritanniens. Am 15. Juli 1985 gab das Europäische Parlament eine befürwortende Stellungnahme ab. - Das Europäische Parlament selbst hatte bereits im September 1983 einen Vorentwurf eines Vertrages zur Gründung der Europäischen Union verabschiedet, der am 14. Februar 1984 als Entwurf gebilligt wurde. Von September bis Dezember 1985 erarbeitete eine Regierungskommission Vorschläge zur Änderung und Ergänzung der Gemeinschaftsprogramme.

Auf der Gipfelkonferenz in Luxemburg vom 2. bis 3. Dezember 1985 beschließen die Staats- und Regierungschefs den Inhalt der "**Einheitlichen Europäischen Akte**." Das Europäische Parlament stimmt am 16. Januar 1986, trotz deutlicher Kritik dem Gesamtpaket zu. Elf Tage später, am 27. Januar 1986, legte die in Mailand gebildete Regierungskommission die endgültige Fassung der "Einheitlichen Europäischen Akte" vor, die am 17. Februar dann von neun der zwölf Außenminister und am 28. Februar auch von Dänemark (nach einer Volksabstimmung am 27. Februar: 57 Prozent ja, 43 Prozent nein), Großbritannien und Italien unterzeichnet wird. Außer in Irland wurde die "Einheitliche Europäische Akte" in entsprechendem nationalen Verfahren ratifiziert. In der Republik Irland entschied das Oberste Gericht am 9. April 1987, daß die "Einheitliche Europäische Akte" in Teilen der irischen Verfassung widerspreche und eine Volksbefragung notwendig sei. Diese fand am 26. Mai statt. Bei einer Wahlbeteiligung von 43,8 Prozent sprachen sich 69,9 Prozent der Wähler für eine Ratifizierung aus.

3.3.1 Die Debatte um die Reform der Europäischen Gemeinschaft

Die Reformdebatte ist seit Gründung der ersten Europäischen Gemeinschaft, der Montanunion im Jahre 1951, eine permanente. So sind dann auch Vorschläge zur Reform und Weiterentwicklung der Aufgaben, Zuständigkeiten und Verfahren der EG in allen Phasen des Integrationsprozesses zahlreich vertreten:

1953	Der Entwurf eines Vertrages über die Satzung der Europäischen Politischen Gemeinschaft (EPG)
1961/62	die Fouchet-Pläne zur Gründung einer Politischen Union
1970	der Werner-Plan zur stufenweisen Verwirklichung der Wirtschafts- und Währungsunion
1975	der Tindemans-Bericht zur Verwirklichung der Europäischen Union

1984	der Vertragsentwurf des Europäischen Parlaments zur Gründung der Europäischen Union
1985/86	die Einheitliche Europäische Akte zur Reform der EG in Teilbereichen

Nur wenige der Berichte und Pläne fanden eine direkte Umsetzung. Dieses Schicksal war auch dem Vertragsentwurf des Europäischen Parlaments zur Gründung der Europäischen Union vom Februar 1984 beschieden.

3.3.2 Der Vertragsentwurf des Europäischen Parlaments zur Gründung der Europäischen Union

Allgemeines Ziel dieses Vertragsentwurfs war, die EG aus ihrer Entscheidungsunfähigkeit herauszuführen. Diese war Ausdruck einer unüberschaubaren Mischung von nationalen und EG-Instrumenten: Die Mitgliedsstaaten bündelten ihre Kompetenzen und Handlungsinstrumente untereinander und mit denen der Gemeinschaft, ohne daß aber eine neue eigenständige und umfassende Einheit gebildet wurde. Dementsprechend versuchte das Europäische Parlament mit seinem Vertragsentwurf einen realistischen Kompromiß der Kräfte der EG herbeizuführen: Er weist der Gemeinschaft nur die Kompetenzen zu, die zur Verwirklichung der Wirtschafts- und Währungsunion nötig sind.

Entsprechend dieser Zielsetzung sind nach der Präambel und nach Art. 12 des Vertragsentwurfs gemeinsamen Institutionen nur die Zuständigkeiten zu übertragen, die sie benötigen, um die Aufgaben zu bewältigen, die sie wirkungsvoller wahrnehmen als jeder einzelne Mitgliedsstaat für sich. Die nebenvertraglich entstandene EPZ, der Europäische Rat und das EWS sind in das Gesamtsystem einer Europäischen Union eingegliedert.

Des weiteren bezieht der Vertragsentwurf neue Politikbereiche, die noch nicht in den "Römischen Verträgen" vorgesehen waren, wie die Umweltpolitik, die Forschungs- und Technologiepolitik, die Bildungs- und die Kulturpolitik, in den Aufgabenbereich der Europäischen Union ein. Der Vertragsentwurf sieht eine stärkere Demokratisierung der innergemeinschaftlichen Entscheidungsprozesse, insbesondere durch eine erhebliche Aufwertung des Europäischen Parlaments, vor. Dieses soll an den Gesetzgebungs- und Haushaltsverfahren sowie am Abschluß internationaler Übereinkünfte mitwirken.

Das Europäische Parlament soll nach einem in allen Mitgliedsstaaten geltenden Wahlrecht und -verfahren gewählt werden. - 1979, 1984 und noch 1989 fand die Direktwahl nach dem geltenden nationalen Wahlverfahren statt. -

Weitere Institutionen sollten sein:

- der Rat der Union
- die Kommission
- der Gerichtshof
- der Europäische Rat

Der **Rat der Union** setzt sich aus Vertretungen der Mitgliedsstaaten zusammen, die von ihren jeweiligen Regierungen ernannt werden. Jede Vertretung wird von einem Minister geleitet, der in besonderer Weise und ständig mit Angelegenheiten der Union beauftragt ist. Der Rat der Union - als Staatenkammer neben dem Europäischen Parlament eines der Organe der Gesetzgebung - entscheidet im Bereich der Kompetenzen, die der Gemeinschaft nach den bisherigen Verträgen gehörten bzw. zur Verwirklichung der Wirtschafts- und Währungsunion als notwendig betrachtet werden. Der Rat beschließt mit einfacher oder qualifizierter Mehrheit (mit zwei Dritteln der Stimmen ohne Enthaltungen) oder in bestimmten Fällen mit Einstimmigkeit. Für eine Übergangszeit von zehn Jahren besteht ein nationales Vetorecht in modifizierter Form fort. Macht eine Vertretung ein vitales Interesse geltend, das von dem zu fassenden Beschluß betroffen ist und das von der Kommission als solches anerkannt wird, wird die Abstimmung vertagt, damit erneut über die Frage beraten werden kann. Durch die Wiedereinführung des Mehrheitsprinzips sollte die Erschwerung der Entscheidungsfindung nach dem "Luxemburger Kompromiß" aufgehoben werden.

Die **Kommission** wird durch den vom Europäischen Rat ernannten Präsidenten nach dessen Anhörung gebildet. Die Kommission legt dem Europäischen Parlament ihr Programm vor. Sie nimmt ihre Tätigkeit nach ihrer Einsetzung durch das Parlament auf. Die Kommission definiert die Leitlinien für die Tätigkeit der Union, ergreift die sich daraus ergebenden (Gesetzes-)Initiativen und wirkt insgesamt gesehen an Gesetzgebungsverfahren mit. Sie ist die alleinige Exekutivgewalt mit der Befugnis,

Durchführungsverordnungen oder möglichst Rahmenrichtlinien zur Durchführung durch die nationalen Organe in bezug auf die vergemeinschafteten Kompetenzen zu erlassen. Die Kommission entwirft den Haushaltsplan und wacht über die Anwendung des Vertrags und der Gesetze der Union. Die Kommission ist dem Parlament gegenüber verantwortlich.

Der **Gerichtshof** behält seine bisherige Funktion. Die eine Hälfte seiner Mitglieder wird nun durch den Rat der Union, die andere durch das Europäische Parlament ernannt.

Der bedeutendste Reformansatz in dem Entwurf eines Vertrages zur Gründung der Europäischen Union sollte die Auflösung der bisherigen Zwitterrolle des Ministerrats sein. Seine Aufgaben wurden auf zwei Gremien verteilt: auf den bereits beschriebenen Rat der Union, die Staatenkammer, und auf den Europäischen Rat, der sich aus den Staats- und Regierungschefs der Mitgliedsstaaten der Union und dem Präsidenten der Kommission zusammensetzt. Der **Europäische Rat** wird zu einem vertraglichen Unionsorgan. Er ist zuständig für die Zusammenarbeit im Bereich der Pflege der internationalen Beziehungen. Dabei handelt es sich um die folgenden Bereiche:

"- Fragen, die die Interessen mehrere Mitgliedsstaaten der Union betreffen,
- oder Bereiche, in denen die Mitgliedsstaaten als einzelne nicht so wirksam handeln können wie die Union,
- oder Bereiche, in denen eine Politik der Union notwendig erscheint, um die im Rahmen der Zuständigkeiten der Mitgliedsstaaten durchgeführten Außenpolitik zu ergänzen,
- oder Fragen, die die politischen und wirtschaftlichen Aspekte der Sicherheit betreffen" (Art. 66 EP-Vertragsentwurf).

Der Europäische Rat verfügt über die alleinige Befugnis, nach Maßgabe der vertraglichen Bestimmungen über eine Ausweitung der Zuständigkeiten der Union zu entscheiden: "Auf Vorschlag entweder der Kommission, des Rates der Union, des Parlamentes oder eines oder mehrerer Mitgliedsstaaten beschließt der Europäische Rat nach Anhörung der Kommission und mit Zustimmung des Parlaments, diese Bereiche der ausschließlichen oder konkurrierenden Zuständigkeit der Union zu unterstellen" (Art. 11 EP-Vertragsentwurf).

Der Vertragsentwurf, der im Prinzip das Wesen einer Verfassung trägt, stieß jedoch auf harte Kritik. Eine Verfassung derartiger Gestalt würde weder von den EG-Bürgern mitgetragen, noch würde sie den bisherigen Einigungsverfahren entsprechen, waren die hauptsächlichen Gegenargumente. Man sprach sich vielmehr für pragmatische Schritte aus, auf der Grundlage der vorhandenen Verträge und Institutionen ein höheres Maß an Bewegung und Handlungsfähigkeit zu erreichen. Dieser vielfach geäußerten pragmatischen Grundhaltung schlossen sich schließlich auch die Staats- und Regierungschefs in ihrer 1985/86 vorgelegten "Einheitlichen Europäischen Akte" an.

3.3 Die Einheitliche Europäische Akte: Reform der Europäischen Gemeinschaft

Mit der "Einheitlichen Europäischen Akte" wurde erstmals nach Maßgabe des Art. 236 EWG-Vertrag eine umfassende Revision und Ergänzung der EG-Gründungstexte angestrebt. Sie stellt einen vorläufigen Schlußpunkt einer langjährigen Reformdebatte dar. Hauptziele der Akte sind die schrittweise Verwirklichung des Binnenmarktes bis zum 31. Dezember 1992 und eine Verbesserung der Arbeitsweise der Organe.

Die im institutionellen Bereich vorgesehenen Reformen beziehen sich dabei jedoch nicht unmittelbar auf die Struktur und Organisation der Institutionen, sondern vielmehr auf ihr gegenseitiges Zusammenwirken. Der Europäische Rat wird zu einem vertraglich erwähnten Gemeinschaftsorgan. Ebenso sind EPZ und EWS in das Vertragswerk einbezogen. Abgesehen davon liegt der Schwerpunkt der Akte auf der teilweisen Änderung der Abstimmungsverfahren. Mit der Neuformulierung der Art. 28 (Gemeinsamer Zolltarif), 59,2 (Freier Dienstleistungsverkehr), 70,1 (Koordinierung der Devisenpolitik), 84,2 (Betroffene Verkehrsmittel), 100 a und b (Angleichung von Rechtsvorschriften) EWG-Vertrag werden im Ministerrat die Möglichkeiten für Abstimmungen mit qualifizierter Mehrheit erhöht.

d.h

Dem Europäischen Parlament sind verbesserte Mitwirkungsmöglichkeiten eingeräumt. Neu geregelt ist die Zusammenarbeit zwischen Kommission, Rat und Parlament, wobei von sechs möglichen Schritten mit entsprechenden Fristen von je einem bis drei Monaten ausgegangen wird. Am Anfang steht immer ein Vorschlag der Kommission mit einer Stellungnahme des Europäischen Parlaments. Dazu erfolgt ein gemeinsamer

Standpunkt des Rates. Diese vorläufige Positionsfestlegung geht an das Parlament zurück. Ist dieses einverstanden oder ergeht binnen einer dreimonatigen Frist keine Stellungnahme, kann der Ministerrat die Vorlage endgültig verabschieden. Mit absoluter Mehrheit seiner Mitglieder kann das Parlament den Ratsstandpunkt ablehnen. In diesem Fall muß der Rat - als Legislative - mit Einstimmigkeit entscheiden. In dem Verfahren kommt bei einer Abänderung durch das Europäische Parlament der Kommission eine große Bedeutung zu, da die Übernahme von Abänderungen des Parlaments in ihrem Ermessen liegt. Geschieht dies, so entscheidet der Ministerrat mit qualifizierter Mehrheit. Schließt sich die Kommission der Abänderung nicht an, so kann der Ministerrat diese nur einstimmig akzeptieren. Wird binnen drei Monaten kein Beschluß gefaßt, ist der Vorschlag der Kommission gescheitert. Bei einer kritischen Betrachtung ist festzustellen, daß trotz allem die Mitwirkungsrechte des Europäischen Parlaments gering geblieben sind. Lediglich bei dem Abschluß von Beitrittsverträgen und Assoziierungsabkommen wurde ihm eine echte Mitwirkungsbefugnis gegeben.

Die Staats- und Regierungschefs konnten sich in der Einheitlichen Europäischen Akte einigen, daß zumindest in Teilbereichen eine Teilvergemeinschaftung von Aufgaben stattfindet: Art. 20 der Akte ergänzt den EWG-Vertrag um ein Kapitel zur "Zusammenarbeit in der Wirtschafts- und Währungspolitik." Art. 11 strebt die Verbesserung des Arbeitsumfeldes durch Maßnahmen zur Sicherheit und Gesundheit an. Art. 23 ("Wirtschaftlicher und sozialer Zusammenhalt") zielt auf eine harmonischere ausgeglichenere regionale Entwicklung innerhalb der EG vor allem durch wirkungsvolleren Einsatz der Strukturfonds (Agrarstruktur-, Regional-, Sozialfonds) ab. Hier wird die Förderung des Zusammenhalts zu einem ausdrücklichen Vertragsziel erklärt. Mit Art. 24 der Einheitlichen Europäischen Akte wird durch den Bereich "Forschung und technologische Entwicklung" ein neuer Themenbereich aufgenommen. Vorgesehen ist dabei ein flexibler Handlungsrahmen der Gemeinschaft neben den nationalen Aktivitäten. Mit Art. 25 wird erstmals die Umweltpolitik als Gemeinschaftsaufgabe als Änderung in den EWG-Vertrag eingeführt. - Die Zeit von März 1987 bis März 1988 wurde 1985 vom Europäischen Rat zum Europäischen Jahr des Umweltschutzes erklärt. Gleichzeitig gelangt das vierte Aktionsprogramm der Gemeinschaft für den Umweltschutz, das sich auf den Zeitraum von 1987 bis 1992 erstreckt, zur Anwendung. -

Wie bereits angemerkt, ist die EPZ als "Europäische Politische Zusammenarbeit in der Außenpolitik" in das Vertragswerk eingeordnet und durch ein ständiges Sekretariat institutionalisiert worden.

Bei der Weiterentwicklung des EWS wurde kein Fortschritt erzielt. Zu einem Übergang in die zweite Stufe des EWS konnten sich die Staats- und Regierungschefs auch in der Einheitlichen Europäischen Akte nicht einigen. Dieser Übergang ist nur durch förmliche Vertragsänderung nach Art. 236 EWG-Vertrag möglich. Erst mit dem bereits angesprochenen Delors-Plan vom April 1989 ist Bewegung in die Entwicklung zu einer Wirtschafts- und Währungsunion gekommen mit entsprechend vorgesehener Änderung des EWG-Vertrages.

In der Sozialpolitik sollen in Ergänzung des Art. 118 a EWG-Vertrag zur Verbesserung insbesondere der Arbeitsumwelt und zur weiteren Harmonisierung der bestehenden Bedingungen Mindestvorschriften in Form von Richtlinien erlassen werden. Jedoch sollen diese neuen Bestimmungen die Einzelstaaten nicht an der Beibehaltung nationaler Schutzstandards oder an der Ergreifung neuer hindern. In der Regional- und Strukturpolitik, überschrieben mit dem Titel "Wirtschaftlicher und sozialer Zusammenhalt", fehlt in der Akte noch ein Gesamtkonzept. Dieses soll nach wahrscheinlich langwierigen Verhandlungen erarbeitet werden.

Zusammenfassend betrachtet sind die Souveränitätsübertragungen auf die Gemeinschaftsebene überaus vorsichtig vorgenommen. Zahlreiche Ausnahme- und Übergangsklauseln zur Wahrnehmung nationalstaatlicher Interessen sind in der Einheitlichen Europäischen Akte noch vorhanden. Die neuen Gemeinschaftskompetenzen belassen entweder die nationalstaatliche Aufgabenwahrnehmung unangetastet und werden einfach zusätzlich neben sie gesetzt, wie z. B. bei der Forschungs- und Technologiepolitik. Wie z. B. bei der Umweltpolitik unterliegen sie dem Subsidiaritätsprinzip, d. h. die Gemeinschaft wird nur bedingt tätig, wenn abzusehen ist, daß die gesetzten Ziele besser auf Gemeinschaftsebene als auf der Ebene der einzelnen Nationalstaaten erreicht werden können. Insofern stellt die Einheitliche Europäische Akte, manchmal auch nach der Luxemburger Tagung des Europäischen Rates als "Luxemburger Paket" bezeichnet, einen Minimalkonsens dar, mit dem alle Mitgliedsländer der Gemeinschaft leben können. Einwände erheben lediglich die deutschen Bundesländer. In seiner Stellungnahme vom 16. Mai 1986 zum Entwurf eines Gesetzes zur Einheitlichen Europäischen Akte verlangt der deutsche Bundesrat, daß die Bundesregierung verpflichtet sei, vor ihrer Zustimmung zu Beschlüssen der Europäischen Gemeinschaften zu EG-Vorhaben, die ganz oder in einzelnen Bestimmungen in die ausschließliche Gesetzgebungskompetenz der Länder fallen oder deren wesentliche Interessen berühren, die Stellungnahme des Bundesrates einzuholen. Um ihre Interessen zu vertreten, haben bereits einige Bundesländer Büros am Sitz der Kommission in Brüssel errichtet.

3.3.4 Zusammenfassung

Die achtziger Jahre sind in der bisherigen Geschichte der Europäischen Gemeinschaft eine Epoche der Reform. Vorschläge zur Reform der Gemeinschaft waren in allen Phasen der EG zahlreich. Ihnen war gemeinsam, daß sie zumeist keine direkte Umsetzung erfuhren. Die Einheitliche Europäische Akte zur Reform der EG in Teilbereichen ist der wichtigste Reformansatz seit Unterzeichnung der "Römischen Verträge". Wenn auch die Akte einen Minimalkonsens zwischen den Mitgliedsstaaten der Europäischen Gemeinschaft darstellt, so ist sie dennoch bis jetzt ein im Grunde erfolgreicher Abschluß der Reformdiskussion der achtziger Jahre zur Stärkung der Handlungskompetenz der EG.

Die zweite Hälfte der achtziger Jahre ist von der Diskussion um die Verwirklichung der Ziele der Einheitlichen Europäischen Akte geprägt. Insbesondere die Vollendung des Binnenmarktes bis zum 31. Dezember 1992 mit einer Wirtschafts- und Währungsunion ist bestimmendes Thema.

3.4 Von den "Römischen Verträgen" bis zur "Einheitlichen Europäischen Akte"

Die drei Jahrzehnte zwischen Unterzeichnung der "Römischen Verträge" und der "Einheitlichen Europäischen Akte" waren zunächst gekennzeichnet durch rasche Fortschritte in der wirtschaftlichen Integration mit der Vollendung der Zollunion. Versuche darüber hinausgehender Schritte einer politischen Einigung stießen jedoch rasch an ihre Grenzen. Zu groß waren noch vielfach die nationalen Bedenken. Hoffnungen auf einen automatischen Übergang von der wirtschaftlichen zur politischen Integration hatten sich nicht erfüllt. Ab 1969 fand eine Reihe von Gipfelkonferenzen der Staats- und Regierungschefs statt, die der EG neue politische Impulse geben sollten. Die stufenweise Errichtung einer Wirtschafts- und Währungsunion und die Gründung einer Europäischen Union bis 1980 waren dabei Hauptzielprojektionen, die jedoch nicht verwirklicht werden konnten. Ergebnisse der "europäischen" Bemühungen waren die Einrichtungen der Europäischen Politischen Zusammenarbeit zur besseren Koordinierung der Außenpolitik, die Schaffung des Europäischen Währungssystems und die Gründung des Europäischen Rats, die allesamt nicht direkt in das Institutionsgefüge der EG eingefügt waren. Ein weiterer Erfolg war auch die erste Direktwahl zum Europäischen Parlament, ohne daß diesem jedoch mehr Kompetenzen gegeben wurden. In den siebziger Jahren zeichnete sich auf dem Hintergrund der Weltwirtschaftskrise und ihren Auswirkungen auf die Mitgliedsländer der EG eine Krise der Gemeinschaft ab. Die nationalen Regierungen waren immer weniger zu gemeinsamem Handeln bereit. Die Gemeinschaft war kaum noch zu politischen Impulsen in der Lage. Die EG war weitgehend entscheidungsunfähig geworden. In diesem Zusammenhang stehen in den achtziger Jahren schließlich die Reforminitiativen des Europäischen Parlaments und des Europäischen Rats, die mit der "Einheitlichen Europäischen Akte" eine Reform der EG in Teilbereichen zum Ziel haben. Die drei Jahrzehnte seit Unterzeichnung der "Römischen Verträge" sind auch gekennzeichnet durch eine Erweiterung der Gemeinschaft von sechs auf zwölf Mitglieder. Auch dies trug im Nachhinein gesehen nicht unbedingt zur Förderung des Integrationsprozesses bei.

4 POLITIK IN "EUROPA"

Bislang - und dies gilt auch für die "Einheitliche Europäische Akte" - wurden fast nur auf wirtschaftspolitischem Gebiet Hoheitsrechte von der nationalen auf die europäische Ebene übertragen. Wirtschafts- und Währungsunion, ein europäischer Binnenmarkt sind noch nicht verwirklicht. Der Binnenmarkt soll nach dem Willen der Staats- und Regierungschefs bis Ende 1992 geschaffen sein.

Auf dem Wege zur Verwirklichung der gesteckten Ziele wurde bisher folgendes erreicht bzw. verwirklicht:
- eine Zollunion mit einem gemeinsamen Außenzoll;
- eine Gemeinsame Agrarpolitik;
- ein Europäisches Währungssystem (erste Stufe);
- ein Gemeinsamer Arbeitsmarkt/Freizügigkeit der Arbeitnehmer bei Einschränkung der Niederlassungsfreiheit gewisser akademischer Berufe;
- eine Gemeinsame Außenhandelspolitik;
- Gemeinsamer Regionalfonds und Sozialfonds;
- Gemeinsame Wettbewerbspolitik;
- Gemeinsame Forschungs- und Technologiepolitik;
- Europäische Politische Zusammenarbeit (EPZ) und Beginn einer Gemeinsamen europäischen Außenpolitik;
- Gemeinsame Entwicklungspolitik.

Auf einige der wichtigsten dieser genannten Bereiche sowie die Entwicklung hin zum Europäischen Binnenmarkt soll im folgenden eingegangen werden.

4.1 Die Europäische Gemeinschaft auf dem Weg zum Europäischen Binnenmarkt

Der gemeinsame Binnenmarkt war im Prinzip von Beginn an unbestrittenes Ziel der EG. Nach Art. 8 a EWGV (ergänzt durch die Einheitliche Europäische Akte von 1987) umfaßt der Binnenmarkt "... einen Raum ohne Binnengrenzen, in dem der freie Verkehr von Waren, Personen, Dienstleistungen und Kapital gemäß den Bestimmungen dieses Vertrages gewährleistet ist."

War die Zollunion relativ rasch geschaffen, so waren keine entsprechenden Fortschritte auf dem Weg hin zu einem Binnenmarkt, einer Wirtschafts- und Währungsunion, in den folgenden Jahren zu erzielen. Bereits 1970 strebte der Werner-Plan in einem Drei-Stufen-Plan die Schaffung einer Wirtschafts- und Währungsunion bis 1980 an. Trotz mehrfacher Erklärungen der Staats- und Regierungschefs waren jedoch mit Ausnahme des 1979 gegründeten EWS keine ernsthaften Schritte unternommen worden, um das im Werner-Plan definierte Ziel, insbesondere die Schaffung einer Wirtschaftsunion, zu erreichen. Auf seiner Tagung vom 29. bis 30. März 1985 in Brüssel forderte der Europäische Rat der Staats- und Regierungschefs schließlich die Kommission auf, konkrete Vorschläge auszuarbeiten und vorzulegen, um das Ziel eines Europäischen Binnenmarktes bis zum 31. Dezember 1992 zu erreichen.

Bereits am 6. März 1985 definierte diesbezüglich die Kommission ihre Aufgabe in dem Arbeitsprogramm für 1985, das dem Europäischen Parlament vorgelegt wurde: "Die Vollendung dieses großen einheitlichen Marktes von 320 Millionen Einwohnern setzt voraus, daß die Mitgliedsstaaten alle Arten von Schranken abschaffen, ihre Regeln harmonisieren, ihre Rechtsvorschriften und Steuerstrukturen angleichen, ihre Zusammenarbeit im monetären Bereich ausbauen und die erforderlichen flankierenden Maßnahmen treffen, um zu erreichen, daß die europäischen Unternehmen zusammenarbeiten."

Im Juni 1985 legte die Kommission ihr Weißbuch "Vollendung des Binnenmarktes" vor. Das **Weißbuch** enthielt ursprünglich über 300 Vorschläge zur Vollendung des Binnenmarktes nach einem Zeitplan von 1985 bis 1992. Die Zahl der Harmonisierungsvorschläge wurde auf 279 gekürzt. Mit der Vorlage von 261 Verordnungen und Richtlinien bis zum Jahresende 1989 bleibt die Kommission dem Ministerrat noch 18 Vorschläge "schuldig". Die Bilanz des Ministerrates ist mit einer Verabschiedung von nur 60 Prozent aller Vorschläge weniger günstig.

Die zur Vollendung des Binnenmarktes zu treffenden Maßnahmen sind in dem Weißbuch unter den drei Titeln "Beseitigung der materiellen Schranken", "Beseitigung der technischen Schranken" und "Beseitigung der steuerlichen Schranken" zusammengefaßt.

Die Kosten des Nicht-Europa

Obgleich genaue Zahlen für die Kosten, die Regierungen, Verbrauchern und Industrie aus all diesen Schranken entstehen, nur schwer zu beschaffen sind, deuten doch die jüngsten verfügbaren Forschungsergebnisse darauf hin, daß das Fehlen eines einheitlichen Marktes in Europa die Industrie Milliarden kostet. Diese Ergebnisse bestätigen, daß durch die Beseitigung der Schranken, die die Wirtschaft der Gemeinschaft immer noch teilen, erhebliche Chancen für mehr Wirtschaftswachstum, Arbeitsplätze und Größenvorteile entstehen.

Potentielle Gewinne aus der Beseitigung der Schranken

Gesamteinsparungen infolge der Beseitigung von Verwaltungsformalitäten und Grenzkontrollen	13 bis 25 Milliarden ECU
Potentielle Einsparungen infolge der Liberalisierung der öffentlichen Aufträge	+/– 17,5 Milliarden ECU
Arbeitsmarkt	2–5 Millionen neuer Arbeitsplätze (je nach dem, welche makroökonomische Politik das Programm für 1992 flankiert)
Einsparungen infolge von Größenvorteilen bei der Produktion von Fertigwaren	2 % des BIP

aus: Europäische Gemeinschaften (1988): Die Gemeinschaft 1992. Ein Markt mit neuen Dimensionen, S. 13

4.1.1 Die Beseitigung der materiellen Schranken

An den inneren Grenzen der Gemeinschaft werden sowohl Personen- als auch Warenkontrollen durchgeführt. Ihre Rechtfertigung beruht auf steuerlichen, handels- und wirtschaftspolitischen, gesundheitspolitischen, statistischen und sicherheitsrelevanten Erwägungen. Die Kontrollen durch Zoll- und Polizeibeamte sind das sichtbarste Zeichen für die materiellen Schranken. Die Hauptrolle der Zollbeamten besteht zur Zeit noch darin, zu gewährleisten, daß das System der indirekten Besteuerung (Mehrwertsteuer, Verbrauchssteuern) in dem betreffenden Mitgliedsland weiterhin funktioniert.

Wegen der technischen Schwierigkeiten der zu erlassenden Maßnahmen und angesichts des Umfangs der gesetzlichen Aufgaben für die Gemeinschaftsinstitutionen schlug die Kommission in ihrem Weißbuch einen Zwei-Stufen-Plan vor: Bis 1988 sollten die verwaltungstechnischen Kontrollen vereinfacht und soweit wie möglich von den Binnengrenzen wegverlegt werden. - Seit dem 1. Januar 1988 gibt es nur noch ein einziges Formular, das Einheitliche Verwaltungsdokument. Es ersetzt die bis dahin nicht weniger als 70 verschiedenen Formulare. - Die zweite Stufe soll dann auf den verschiedenen Gebieten die Koordinierung der Politik und die Entwicklung einer gemeinsamen Gesetzgebung bringen, so daß die Binnengrenzen und die Kontrollen bis Ende 1992 voll und ganz abgebaut sind.

Für die Kontrolle reisender EG-Bürger gibt es noch zwei Gründe: Einwanderungskontrolle, Prüfung der Identität der betreffenden Person und der Sicherheit der mitgeführten Gegenstände sowie Steuerkontrollen. Bisherige Bemühungen der Kommission in diesem Bereich waren darauf ausgerichtet, die Kontrollen flexibler zu gestalten, da diese so lange nicht völlig abgeschafft werden können, bis in Übereinstimmung mit den vom Europäischen Rat geäußerten Sorgen angemessene Schutzmaßnahmen gegen Terrorismus und Drogenhandel eingeführt werden. Das Ziel ist, alle Kontrollen an den Binnengrenzen der EG bis Ende 1992 zu beseitigen. Dies soll durch eine schrittweise Lockerung der derzeitigen Kontrollen erreicht werden. Zuvor gilt es jedoch, zunächst Maßnahmen im Zusammenhang mit Problemen wie Drogenhandel, Verbrechensverhütung und dem Reiseverkehr von Staatsbürgern aus Nicht-EG-Ländern innerhalb der Gemeinschaft zu treffen.

4.1.2 Die Beseitigung der technischen Schranken

Freier Warenverkehr

Die Beseitigung der Grenzkontrollen führt für sich allein noch nicht zur Schaffung eines echten gemeinsamen Marktes. Denn hierzu gehört auch die Beseitigung technischer Schranken. Solche technischen Schranken sind im Bereich des freien Warenverkehrs die unterschiedlichen nationalen Regelungen und Normen. Unterschiedliche Produktionsnormen und -vorschriften führen dazu, daß viele Produkte für die einzelnen Ländern getrennt und nach unterschiedlichen nationalen Normen hergestellt werden. In der Praxis wirken diese als eine verschleierte Form der nationalen Abschirmung gegen ähnliche Importgüter aus anderen Mitgliedsländern der Europäischen Gemeinschaft, in denen wiederum andere Normen gelten.

Die Kommission versuchte durch entsprechende Harmonisierungsvorschläge diese technischen Schranken zu überwinden. Dadurch sollen nationale Bestimmungen an eine zu vereinbarende Gemeinschaftsnorm angepaßt werden. Die Verhandlungen über die von der Kommission ausgearbeiteten Vorschläge gestalteten und gestalten sich als sehr langwierig. Jahre vergingen über dem Versuch, sich über technische Einzelheiten eines einzigen Produkts oder einer Produktgruppe zu einigen. In der Zwischenzeit war die Wirtschaft verunsichert: Man wußte nicht, an welche Normen man sich halten sollte und allzu oft geschah es, daß das Produkt oder die Norm überholt war.

Eine Reihe aufeinanderfolgender Urteile des Europäischen Gerichtshofs trug schließlich dazu bei, die Beseitigung technischer Hindernisse im Handelsverkehr, sogenannter nicht-tariffärer Handelshemmnisse, zu erleichtern. Das richtungweisendste Urteil war dasjenige im Fall "**Cassis de Dijon**" im Jahre 1979. Zu entscheiden war damals, ob in Frankreich hergestellter Likör aus schwarzen Johannisbeeren (Cassis de Dijon) auch in der Bundesrepublik Deutschland als Likör verkauft werden darf, obwohl der jeweilige nationale Alkoholgehalt von Likör unterschiedlich ist. In seinem Urteil bestätigte der Gerichtshof das Grundrecht auf freien Warenverkehr. Darüber hinaus erklärte der Gerichtshof, daß ein Produkt, das in einem EG-Land legal nach den dort geltenden Bestimmungen hergestellt wird und eine bestimmte Produktbezeichnung tragen darf, auch in einem anderen EG-Land gehandelt werden darf, auch wenn die dortigen Bestimmungen für diese Produktbezeichnung anders sind.

Dieses "Cassis-de-Dijon-Prinzip", auch Ursprungslandprinzip genannt, wurde durch die Einheitliche Europäische Akte zum Verfassungsprinzip erhoben, das die Verwirklichung des Binnenmarktes im entscheidenden Maße verändert.

Aufgrund der Probleme in der Vergangenheit entwickelte die Kommission eine neue Konzeption: In Zukunft wird die Gemeinschaft für umfassende Produktbereiche sich darauf beschränken, die Grundvoraussetzungen für die Verkehrsfähigkeit eines Produkts in der ganzen Gemeinschaft festzulegen. Die technischen Einzelheiten sind von den europäischen Normenorganisationen auszufüllen. Diese allgemeine Politik wird sich in bestimmten Bereichen mit besonderem Nachdruck auswirken, unter anderem in den Bereichen der Informationstechnologien, des Fernmeldewesens, der Bauwirtschaft und der Lebensmittel.

Der Nahrungsmittelsektor ist einer der Bereiche, die in der Vergangenheit zahlreichen Hindernissen ausgesetzt war. Hier ist die Kommission bemüht, den enormen Umfang der nationalen Gesetze, der sich in der Vergangenheit als Belastung der Nahrungsmittelwirtschaft und Behinderung des freien Warenverkehrs erwiesen hatte, einzuschränken. Angestrebt wird eine Regelung, die garantiert, daß ein Nahrungs- und Genußmittel sicher verzehrt werden kann und daß der Verbraucher durch entsprechende Kennzeichnung auf dem Etikett voll darüber informiert wird, was es enthält. Wegen des erheblichen technischen Aufwandes, den gemeinsamen Markt für Lebensmittel mit Blick auf 1992 zu verwirklichen, hat die Kommission hier einen neuen Ansatz vorgeschlagen: Der Kommission soll die Regelung der Einzelheiten, dem Rat die Festlegung der wesentlichen Sicherheits- und Gesundheitskriterien obliegen. Soweit kein Regelungsbedarf besteht, ist die gegenseitige Anerkennung der nationalen Vorschriften vorgesehen.

Das heißt: Es muß unterschieden werden nach dem Konzept des Verweises auf Normen und nach der sektoralen Angleichung der Rechtsvorschriften nach dem bisher herkömmlichen Konzept. Das herkömmliche Konzept der sektoralen Angleichung der Rechtsvorschriften betrifft außer dem Lebensmittelrecht noch folgende Bereiche: Kraftfahrzeuge - hier geht es um gemeinsame Grenzwerte für Abgas, Partikelemissionen von Dieselfahrzeugen, technische Vorschriften für Pkw, Traktoren und landwirtschaftliche Maschinen mit dem Ziel einer einheitlichen EG-Betriebserlaubnis; Veterinär- und Pflanzenschutz mit dem Ziel einer einheitlichen Regelung für Fleischerzeugnisse, Rückstände von Pflanzenschutzmitteln, Eiprodukte, Fischhygiene sowie Pflanzengesundheitsnormen; pharmazeutische Erzeugnisse und technologisch hochwertige Arzneimittel mit dem Ziel der gegenseitigen Anerkennung der national erteilten Zulassungen.

Flankierend zur Harmonisierung der nationalen Standards und Rechtsvorschriften wird bereits seit 1. Januar 1985 die Richtlinie "Informationsverfahren technische Vorschriften" angewandt. Sie verpflichtet die Mitgliedsstaaten, neue technische Regelungen zu notifizieren und gibt sowohl der Kommission als auch den Partnerländern die Möglichkeit, zu intervenieren. Diese Richtlinie hat sich als wirksames Instrument gegen die Errichtung neuer Handelshemmnisse erwiesen. Ihr Anwendungsbereich ist seit März 1988 auf Nahrungs- und Futtermittel, Arzneimittel und Kosmetika ausgedehnt.

Zusammenfassend ist festzuhalten: Mit Ausnahme der Bereiche, die den Gesundheitsschutz und die Sicherung der Menschen betreffen, und in denen auf EG-Ebene verbindliche Normen festgesetzt werden, soll auch im Bereich der technischen Schranken das Ursprungslandprinzip angewandt werden. Darüber hinaus kann in Bereichen, in denen eigentlich die gegenseitige Anerkennung gilt, auf EG-Ebene die angesprochene "unverbindliche" Normung festgelegt werden.

Öffentliches Auftragswesen

Ein schwerwiegendes Hindernis auf dem Weg zum Europäischen Binnenmarkt ist die Neigung der zuständigen Behörden, die Vergabe öffentlicher Aufträge im Inland zu halten. Nach Berechnungen der Kommission ließen sich mit einer Beseitigung dieser Barrieren Kosten in Höhe bis zu 40 Milliarden ECU einsparen.

Die schon vorhandenen Ansätze einer Marktöffnung sind in einem ersten Schritt durch die Novellierung der Lieferkoordinierungsrichtlinie (Ratsentscheidung vom 22. März 1988) verstärkt worden. Diese bringt vor allem eine bessere Durchschaubarkeit der Vergabeverfahren. Eine Novellierung der Baukoordinierungsrichtlinie, mit der die Einhaltung der Gemeinschaftsregeln in allen Mitgliedsstaaten gesichert werden soll, steht noch aus. Vier bedeutende Sektoren - Energie, Verkehr, Wasser und (im Falle der Lieferaufträge) Fernmeldewesen - fallen augenblicklich nicht unter die Richtlinien. Eine weitere Aufgabe ist die Marktöffnung für Dienstleistungen im öffentlichen Beschaffungswesen. Dazu gehören Dienstleistungen im Bereich des Bauwesens und der neuen Technologien.

Freizügigkeit für abhängig Beschäftigte und Selbständige

Wesentlicher Bestandteil der Verwirklichung des Binnenmarktes ist die Freizügigkeit der abhängig Beschäftigten und der Selbständigen. Wenn diese auch bereits weitgehend gewährleistet ist, bestand immer noch Handlungsbedarf vor allem im Bereich der Anerkennung der Diplome und beruflichen Befähigungsnachweise.

Für viele Berufe konnte man sich trotz jahrelanger Verhandlungen nicht auf gemeinsame Anforderungen einigen. So dauerten z. B. die Arbeiten an der Richtlinie der Gemeinschaft, die den Architekten das Ausüben ihres Berufs überall in der Gemeinschaft ermöglicht, 17 Jahre. Bei den Apothekern dauerte das Verfahren 16 Jahre. Deshalb schlug die Kommission auch hier, ähnlich wie beim Warenverkehr, die Anwendung des "Cassis-de-Dijon"-Prinzips vor: Wenn eine Person in einem Mitgliedsland die Befähigung zur Ausübung eines bestimmten Berufes besitzt, dann sollte sie grundsätzlich auch befähigt sein, in einem anderen Mitgliedsstaat zu praktizieren. Im Falle der unterschiedlichen Hochschulabschlüsse bedeutet die Anwendung des "Cassis-de-Dijon"-Prinzips: Ein bestimmter Hochschulabschluß, der nach den Bedingungen eines EG-Landes nach mindestens dreijährigem Studium abgelegt wurde, muß auch in allen anderen EG-Ländern anerkannt werden. Nur wenn erhebliche Unterschiede zwischen den betreffenden Hochschuldiplomen bestehen, kann unter Umständen eine eng eingegrenzte Zusatzanforderung gestellt werden, z. B. eine Einarbeitungszeit in dem "Heimatstaat". Für Juristen ist eine besondere Eignungsprüfung vorgesehen, da die Ausübung des juristischen Berufs eine genaue Kenntnis des nationalen Rechts erfordert. Für Lehrer, die als Beamte besonderen verfassungsmäßigen Beschränkungen unterliegen, wurden im November 1988 vom Europäischen Parlament bei der Behandlung des Richtlinienentwurfes über die Anerkennung von Hochschuldiplomen besondere Richtlinien gefordert. Der Richtlinienentwurf wurde Ende Dezember 1988 angenommen und tritt zum 3. Januar 1991 in Kraft.

Im Bereich der Berufsausbildung wird die Einführung einer "europäischen Berufsbildungskarte" diskutiert, mit deren Hilfe der Inhaber nachweisen kann, daß er einen bestimmten Ausbildungsstand erreicht hat.

Im Oktober 1988 verwies jedoch der deutsche Bundesrat die Kommission in ihre Schranken, da weder EWG-Vertrag noch Einheitliche Europäische Akte die EG-Organe ermächtigten, eine eigenständige Bildungspolitik zu betreiben. Die deutschen Bundesländer bekräftigten, daß Maßnahmen der Gemeinschaft im Bereich der schulischen Bildung, insbesondere der Gestaltung von Lehrplänen, der Lehrerbildung, der Lehrmittel sowie die Harmonisierung der Schulabschlüsse und Hochschulzugangsqualifikationen im Verantwortungsbereich der hierfür in der Bundesrepublik Deutschland verfassungsmäßig zuständigen Bundesländer verbleiben müßten.

Liberalisierung des Kapitalverkehrs

Im innergemeinschaftlichen Kapitalverkehr konnte bereits ein beachtliches Maß an Liberalisierung erreicht werden. Ziel eines Richtlinienentwurfs der Kommission ist die völlige Liberalisierung des Geld- und Kapitalverkehrs. Innerhalb der Gemeinschaft besteht darüber Einvernehmen. Damit soll die Effizienz und Innovationskraft der europäischen Kapitalmärkte gestärkt und die Finanzierung grenzüberschreitenden Waren- und Dienstleistungsverkehrs gestärkt werden.

Ein gemeinsamer Dienstleistungsmarkt

Ebenso wie für den Bereich des Warenverkehrs ist der Binnenmarkt auch eine Chance und Herausforderung für die Dienstleistungsmärkte. Der Beitrag des Dienstleistungsgewerbes zum Brutto-Inlandsprodukt ist in den zwölf EG-Mitgliedsstaaten zwischen 1970 und 1985 von 49 auf 58 Prozent gestiegen, dagegen der Anteil der Industrie von 43 auf 34 Prozent gesunken. Demgegenüber ist der grenzüberschreitende Dienstleistungsverkehr der EG-Staaten auffallend niedrig. Der Anteil der Dienstleistungsexporte am Gesamtexport erreichte 1986 im EG-Durchschnitt nur 33 Prozent.

Der Bereich der Dienstleistungen umfaßt eine Vielzahl wirtschaftlicher Aktivitäten: von Unternehmensberatung über Banken, Versicherungen und Verkehrsbetriebe, Softwarehäuser bis hin zu Spiel- und Waschsalons. Offensichtlich wird der Außenhandel mit Dienstleistungen stärker als der Warenhandel durch nichttarifäre Handelshemmnisse sowie Unterschiede der nationalen fiskal- und aufsichtsrechtlichen Systeme behindert. Die Beseitigung dieser Barrieren ist dementsprechend vordringlich.

Offener Markt für Finanzdienste und Kapital

Die finanziellen Dienstleistungen bilden bereits einen eigenen, riesigen potentiellen Markt, der gleichzeitig ausschlaggebend für die Funktionsfähigkeit und den wirtschaftlichen Erfolg des Produktionsbereiches sowie anderer Dienstleistungsbereiche ist. Wenn Waren und Dienstleistungen im Binnenmarkt EG-weit produziert und gehandelt werden sollen, müssen auch die Finanzdienste EG-weit zur Verfügung stehen. Der Binnenmarkt muß auch für die Finanzdienste geöffnet sein. Diese müssen ihre "Finanzprodukte" in jedem EG-Land anbieten können.

Ein Großteil der Richtlinien für die Öffnung des Marktes für Finanzdienste ist bereits verabschiedet. Bei ihren Vorschlägen, wie dies zu verwirklichen sei, befolgt die Kommission den Grundsatz der gegenseitigen Anerkennung, das "Cassis-de-Dijon"-Prinzip. Gleichzeitig sieht das Programm der Kommission die Aufstellung von Grundregeln zum Schutz von Investoren, Einlegern, Versicherungsunternehmern u. a. vor, um ein garantiertes Mindestmaß an Sicherheit in der gesamten Gemeinschaft zu gewährleisten. Dieses Grundsystem steht nunmehr weitgehend zur Verfügung. Damit erhalten die in einem Mitgliedsstaat niedergelassenen Anbieter finanzieller Dienstleistungen jetzt die Möglichkeit, ihre "Finanzprodukte" in jedem anderen Mitgliedsland der EG anzubieten, wobei lediglich in einigen Fällen geringfügige Sonderbedingungen aufgrund der örtlichen Gegebenheiten erfüllt werden müssen.

Auch für den Kapitalverkehr konnte bereits eine beachtliche Öffnung erreicht werden. Ziel ist hier die vollständige Öffnung sämtlicher Kapitalbewegungen, d. h. ein vollkommen freier Zahlungsverkehr in Form von Bargeld, Banküberweisungen und den sonstigen Zahlungsmitteln.

Der freie Kapitalverkehr erfordert nach Meinung der Kommission in ihrem Weißbuch eine Angleichung folgender Rahmenbedingungen: Gemeinsame Regeln für die Aufsicht; Beseitigung beschränkender nationaler Regeln, die der Niederlassungsfreiheit und dem freien Verkehr im Wege stehen; Vereinbarung gemeinsamer Normen für Anleger, Einleger und Verbraucher. Schutzklauseln sollen auch in Zukunft möglich sein. Allerdings sollen sie nur für eine begrenzte Dauer erteilt werden. Die Gründe für ihr Fortbestehen sollen ständig überprüft werden.

Im Dezember 1989 wurden zwei Richtlinien erlassen, durch die der Binnenmarkt für die Kreditwirtschaft so gut wie gesichert ist: Mitte Dezember 1989 trat die zweite Bankenrichtlinie in Kraft, die ebenfalls von Januar 1993 an die gemeinschaftsweite Zulassung von Banken mit einer Aufsicht durch die jeweilige heimatliche Behörde vorsieht. Mit der Verabschiedung der "Solvabilitäts-Richtlinie" am 19. Dezember 1989 durch den Ministerrat ist die Verwirklichung eines einheitlichen Bankenmarktes in der EG ein gutes Stück näher gekommen. Diese Richtlinie sieht einheitliche Regeln für die Sicherung der Geschäftstätigkeit von Banken im Verhältnis zu ihrem Eigenkapital vor und soll allgemein die Bonität des Kreditgewerbes schützen.

Von 1991 an sollen die Bürger der EG bei einem Versicherer ihrer Wahl ohne Rücksicht auf nationale Grenzen abschließen können. Darauf verständigte sich der Ministerrat Ende Dezember 1989 in einer Richtlinie, die noch vom Europäischen Parlament gebilligt werden muß. Dadurch wird es allen Lebensversicherern der zwölf Mitgliedsländer ermöglicht, sich im freien Wettbewerb auf dem Gemeinsamen Markt zu bewegen. Zum Schutz der jeweiligen heimischen Versicherer ist eine Übergangsfrist für die völlige Liberalisierung bis Ende 1994 vorgesehen. Die Kommission wurde beauftragt, bis Ende 1990 Vorschläge für eine Mindestangleichung der unterschiedlichen Marktbedingungen vorzulegen. Erzielt der Ministerrat darüber bis Ende 1992 keine Einigung, so kann diese Übergangsfrist noch einmal verlängert werden.

Ein bedeutender Harmonisierungsgegenstand ist die Liberalisierung der Verkehrsmärkte.

Liberalisierung der Verkehrsmärkte

Im Dienstleistungssektor haben die Verkehrsmärkte einen besonderen Rang. Auf den Verkehr entfallen über 7 Prozent des Bruttosozialprodukts der Gemeinschaft. Der Verkehrsmarkt - gewerblicher Personen- als auch Güterverkehr - ist einer der am stärksten regulierten und geschützten Märkte der Gemeinschaft.

Der Güterverkehr ist Basis für den gesamten Güteraustausch und damit auch für die wachsende Arbeitsteilung zwischen den Mitgliedern der EG. Ein vollkommener Binnenmarkt setzt den freien Verkehrsmarkt voraus. Bereits in Art. 3 e EWGV sind die EG-Mitglieder wie auch in anderen Bereichen des Dienstleistungsmarktes zu einer gemeinsamen Verkehrspolitik auf der Basis der Dienstleistungsfreiheit aufgerufen. Da kaum etwas zur Realisierung dieser Zielsetzung unternommen wurde, verklagte

1983 das Europäische Parlament den Rat der Verkehrsminister beim Gerichtshof wegen Untätigkeit. Mit seinem "Untätigkeitsurteil" vom 22. Mai 1985 hat der Europäische Gerichtshof die Verwirklichung dieses Vertragsziel in angemessener Zeit angemahnt. Daraufhin hat der Rat der Verkehrsminister im November 1985 die Schaffung eines "freien Verkehrsmarktes" bis 1992 beschlossen.

Der größte Teil des Straßengüterverkehrs innerhalb der EG ist durch Quoten (Anteile) geregelt. Mit diesen Quoten werden von den meisten EG-Mitgliedsstaaten die Zahl der Fahrten festgelegt und begrenzt. Darüber hinaus werden die Transportmengen begrenzt und die Möglichkeiten eingeschränkt, in einem anderen EG-Land als dem Heimatland (Herkunftsland) Anschlußaufträge für ein drittes EG-Land anzunehmen. So darf ein deutscher Spediteur z. B. in Frankreich keinen Anschlußauftrag nach Belgien annehmen. Durch diese Reglementierungen ist ein erheblicher Anteil der Lkw in der EG leer unterwegs. Die Kosten pro Tonne je Kilometer sind durchschnittlich 50 Prozent höher als in den USA. Die Beseitigung der mengenmäßigen Beschränkungen (Quoten) und der Vorbehalte gegenüber Anschlußaufträgen sollten nach den Plänen der Kommission bis spätestens 1988 auslaufen. Dementsprechend wurde im Juni 1988 die schrittweise Beseitigung der für den Güterkraftverkehr geltenden bilateralen und gemeinschaftlichen Kontingente bis zum 1. Januar 1993 beschlossen, nachdem bereits im November 1985 die Verkehrsminister eine jährliche Aufstockung der Gemeinschaftsgenehmigungen für den grenzüberschreitenden Straßengüterverkehr um 40 Prozent beschlossen hatten.

Im Binnenschiffsverkehr sollen ebenfalls die Bedingungen festgelegt werden, bei deren Erfüllung (in dem betreffenden Land) nicht-ansässige Schiffer innerstaatliche Transporte (Cabotage) durchführen dürfen. - Für die Binnenschiffahrt im Rheinstromgebiet ist die Cabotage durch die Mannheimer Akte von 1868 festgelegt. - Hinsichtlich dieses Vorschlages zur Cabotage konnten keine Fortschritte erzielt werden. Diese Frage muß politisch im Zusammenhang mit der Frage der Cabotage im Straßenverkehr gesehen werden. Die Lösung dieser Frage wird auch eine Lösung des Cabotageproblems im Binnenschiffsverkehr mit sich bringen.

Im Seeverkehr sollte bis spätestens Ende 1986 die freie Erbringung von Seeverkehrsleistungen zwischen Mitgliedsländern gewährleistet sein, allerdings mit der Möglichkeit einer begrenzten Übergangszeit, in der bestimmte Beschränkungen allmählich abgebaut werden sollten. Aber auch in diesem Sektor des Verkehrsmarktes wurden bisher keine Fortschritte erzielt.

Im Luftverkehr fordert die Kommission eine größere Einheit im innergemeinschaftlichen Zivilluftverkehr mit einer Änderung des Systems der Preisgestaltungen und -genehmigungen und einer Beschneidung des Rechtes der Regierungen, Kapazitäten und Marktzugang zu beschneiden. Ende 1987 legte die Kommission Vorschläge vor, durch die sich der Wettbewerb allmählich intensivieren und sich die Flugpreise mehr dem Markt anpassen sollten. Die Mitgliedsstaaten lehnten diese Vorschläge ab, beschlossen jedoch ein Maßnahmenpaket, dessen Liberalisierungsschritte die Flugtarife, das Kapazitätsangebot, den Marktzugang und die Wettbewerbsregeln betreffen.

Die zweite Stufe wollte die Kommission im Sommer 1989 mit folgenden Hauptthemen einleiten: weitere Erleichterung für den Marktzugang, Angleichung der Betriebsbedingungen, Sicherheit, soziale Regelungen, gemeinsame Haltung gegenüber Drittländern, insbesondere in der Frage der Verkehrsrechte. Entsprechende Beschlüsse des Rats der Verkehrsminister werden im ersten Halbjahr 1990 erwartet. Die dritte Phase, die zur völligen Liberalisierung führen soll, soll 1992 Gegenstand von Vorschlägen der Kommission sein.

Noch kein gemeinsames Konzept konnte bisher für die Anpassung der Kraftfahrzeugsteuern und der Autobahngebühren, die in Frankreich, Italien, Spanien, Portugal und Griechenland erhoben werden, gefunden werden. Dementsprechend führte die Bundesrepublik Deutschland für Lkw über 18 Tonnen zulässiges Gesamtgewicht eine Straßenbenutzungsgebühr ein, die am 1. Juli 1990 in Kraft treten und zunächst bis 1993 gelten soll.

Neue Technologien und Dienstleistungen

Die Entwicklung neuer Technologien wie etwa im audio-visuellen Bereich, in der Informations- und Datenverarbeitung, bei Computern und Mikroprozessoren hat zur Schaffung und zum Ausbau neuer grenzüberschreitender Dienstleistungen geführt. Die von der neuen Technik gebotenen Möglichkeiten bewirken weitreichende Veränderungen auf dem Informationsmarkt. Diese Veränderungen führten zu einem schnellen Anwachsen der allgemein verfügbaren Informationen. Das Informationswesen selbst und die damit verbundenen Dienstleistungen sind Gegenstand einer immer umfangreicheren Geschäftstätigkeit. Um den weiteren Fortschritt abzusichern, ist es wichtig, daß in der Gemeinschaft ein zusammenhängender Rahmen existiert, der Expansion und Vielfalt fördert und nicht behindert.

Neue Forschungen und Entwicklungen erfordern einen Kapitaleinsatz, der so groß ist, daß seine angestrebten Gewinne nur auf Gemeinschaftsebene eintreten können, nicht aber in der Enge eines nationalen Marktes. Das bedeutet, daß sich die EG-Mitglieder auf bestimmte Normen einigen müssen. Andernfalls ist zu befürchten, daß die einzelnen Staaten mit unterschiedlichen Normen arbeiten. Dadurch würde eine gemeinsame Entwicklung und Anwendung blockiert werden.

Eine gute Illustration dieser Chancen und Probleme ist der Bereich von Rundfunk und Fernsehen. Durch den Einsatz der ersten Fernsehsatelliten ist Ende 1986 die europäische Fernsehlandschaft verändert worden. Schon vorher war ein schnelles Ausbreiten der Kabelnetze und ein immer stärkerer Einsatz von Nachrichtensatelliten zu verzeichnen. Angesichts dieser Entwicklung wird kein einzelner Mitgliedsstaat der EG in der Lage sein, zu konkurrenzfähigen Bedingungen alle die umfangreichen Einrichtungen und Programme anzubieten, die erforderlich sind, und das auch in Anbetracht der Tatsache, daß immer mehr Sender empfangen werden können. Angesichts der Konkurrenz aus Japan, den USA und anderen Nicht-EG-Ländern ist die Gemeinschaft hier zu gemeinsamem Handeln aufgerufen.

Dementsprechend schlug die Kommission den Mitgliedsstaaten eine Richtlinie vor, wie der freie Austausch von Programmen in der ganzen Gemeinschaft ("Fernsehen ohne Grenzen") sichergestellt und wie die Produktions- und Übertragungskapazitäten gestärkt werden können. Die Marktöffnung wird auch eine Aufwertung der Norm für das hochauflösende Fernsehen mit sich bringen, wo erhebliche wirtschaftliche und industrielle Interessen auf dem Spiel stehen. Deshalb fördert die Kommission eine europäische Lösung, die mittlerweile vorhanden ist und die weltweit kompatibel ist.

Im audio-visuellen Bereich gibt es national unterschiedliche rechtliche und technische Bestimmungen, um deren Beseitigung es noch gehen muß. Damit die Hersteller die von einem offenen Markt gebotenen Möglichkeiten voll nutzen können, sind gemeinsame europäische Sende- und Empfangsnormen erforderlich. Hierfür liegen bereits Vorschläge der

Kommission vor, wie z. B. die Idee einer einheitlichen Normenreihe für das Satellitenfernsehen.

Schaffung geeigneter Bedingungen für eine industrielle Zusammenarbeit

Die Beseitigung der innergemeinschaftlichen Grenzen und die Errichtung eines freien Waren-, Dienstleistungs- und Kapitalverkehrs haben natürlich für die Schaffung des Binnenmarktes grundlegende Bedeutung. Die Gemeinschaft muß aber darüber hinaus ein "Umfeld" und damit eine Reihe von Voraussetzungen zur Förderung der Zusammenarbeit zwischen Unternehmen schaffen. Eine solche Zusammenarbeit wird die Industrie- und Handelsstruktur des Binnenmarktes vor allem auf der Ebene der kleinen und mittleren Unternehmen stärken, die gerade wegen ihrer Größe sehr empfindlich auf ihr Umfeld reagieren, so die Kommission in ihrem Weißbuch.

Die Zusammenarbeit stößt immer noch auf viele Rechts-, Steuer- und Verwaltungsprobleme, zu denen sich noch Hindernisse anderer Art gesellen. So hat das Fehlen eines rechtlichen Gemeinschaftsrahmens für grenzüberschreitende Aktivitäten der Unternehmen und für die Zusammenarbeit von Unternehmen aus verschiedenen Mitgliedsstaaten dazu geführt, daß manche mögliche gemeinsame Projekte nicht verwirklicht wurden. Deshalb ist die Schaffung dieses rechtlichen Rahmens eine echte Notwendigkeit. Die "Europäische wirtschaftliche Interessenvereinigung", die einheitlichen Gemeinschaftsregeln unterworfen sein soll, soll hier nach Vorstellung der Kommission die Zusammenarbeit von Unternehmen aus verschiedenen Mitgliedsstaaten erleichtern.

Die Möglichkeiten dieser "Europäischen wirtschaftlichen Interessenvereinigung" sind jedoch begrenzt, und daher mißt die Kommission ihrem Vorschlag einer fakultativen europäischen Unternehmensstruktur mit Niederlassungsrecht in jedem Mitgliedsstaat der EG größte Bedeutung bei. Parallel dazu drängt die Kommission auf die Annahme ihres Harmonisierungsprogramms für das Gesellschaftsrecht in den einzelnen Mitgliedsstaaten, um eine grenzüberschreitende Zusammenarbeit zu erleichtern. Ebenso drängt die Kommission auf die Annahme ihres Vorschlags zur Festsetzung gemeinsamer Bestimmungen über grenzüberschreitende Unternehmenszusammenschlüsse, die mit den bereits bestehenden Gemeinschaftsbestimmungen über Fusionen in Einklang stehen. Ein Problem bereitet die Fusionskontrolle, wo entsprechende zentrale

Wünsche der Bundesrepublik Deutschland, Italiens und Großbritanniens bisher nicht entsprechend befriedigt werden konnten.

Die Bundesrepublik Deutschland fordert eine sogenannte "Restkontrolle" durch das Bundeskartellamt. Diese soll dann erfolgen, wenn eine von der Kommission genehmigte Fusion massive Auswirkungen auf den deutschen Markt hätte. Besonders die Länder der EG, in denen es bisher keine Fusionskontrolle gab, empfinden den deutschen Wunsch nach einer "Restkontrolle" als nationalistisch. Als zur Zeit nicht realisierbar wurde von Bundeswirtschaftsminister Helmut Haussmann das Ziel einer Einrichtung einer unabhängigen europäischen Kontrollbehörde bezeichnet. Unumstritten war bei den Verhandlungen des Rates der Wirtschaftsminister Ende November 1989, daß die Kommission grenzüberschreitende Zusammenschlüsse von Unternehmen mit mehr als fünf Milliarden ECU Weltumsatz (zehn Milliarden DM) prüfen soll. Als untere Schwelle sind 250 Millionen ECU EG-Umsatz für wenigstens zwei der an einer Fusion beteiligten Unternehmen vorgesehen. Zwei Drittel des Umsatzes müssen wenigstens bei einem beteiligten Unternehmen aus der Gemeinschaft stammen. Hat die Kommission keine Bedenken, so kann ein Mitgliedsstaat nur dann Einspruch einlegen, wenn er der Kommission nachweist, daß die Fusion den Wettbewerb in seinem Hoheitsgebiet erheblich behindert.

Erforderlich ist, daß die Behörden des Mitgliedslandes der Kommission binnen drei Wochen ihr Interesse am Aufgreifen des Falles begründen. Schließt sich die Kommission der Auffassung des betreffenden EG-Mitglieds an, so behandelt sie entweder den Fall selbst, oder sie verweist ihn an die Kartellbehörde des betreffenden Landes. Ist sie anderer Auffassung, kann die Regierung des betreffenden Mitgliedsstaates gegen die Entscheidung der Kommission beim Gerichtshof klagen. Rührt sich die Kommission nach drei Monaten nicht, geht der Fall automatisch in die Kompetenz der nationalen Behörde über. Nach vier Jahren Praxis soll dieses Verfahren zusammen mit den Aufgreifschwellen überprüft werden.

Am 21. Dezember 1989 einigten sich die Wirtschaftsminister nach 16 Jahren Verhandlungsdauer schließlich auf diese Regelung. Die Verordnung soll am 21. September 1990 in Kraft gesetzt werden.

Entscheidendes Kriterium für Verbot oder Erlaubnis soll also, wie bereits im deutschen Kartellrecht, die Wettbewerbsbeschränkung sein. Mit dieser am 21. Dezember 1989 getroffenen Entscheidung ist nun sicher, daß ein Verbot präventiv sein wird, daß also Fusionen erst nach dem Plazet der Kommission vollzogen werden dürfen. "Elefantenhochzeiten" dürfen den Wettbewerb nicht einschränken. Rein nationale Fälle werden, wie oben ausgeführt, vom Bundeskartellamt weiter kontrolliert. Dieses hat sich denn auch schnell in die neue Lage gefügt.

Geistiges und gewerbliches Eigentum

Urheberrechtliche Unterschiede haben unmittelbare und negative Auswirkungen auf den innergemeinschaftlichen Handel und auch darauf, wie weit sich die Unternehmen auf dem Gemeinsamen Markt als einheitliches Umfeld für ihre Dienstleistungen verlassen können. Aus diesem Grunde enthält das Weißbuch auch entsprechende Vorschläge für die Schaffung eines Gemeinschaftsrahmens für das Warenzeichen-, Patent- und Urheberrecht: Die Hauptvorschläge für den Bereich der Warenzeichen sehen ein gemeinschaftliches Warenzeichen vor. Dadurch, daß jeder Mitgliedsstaat heute noch an seinem eigenen Warenzeichenrecht festhält, wird die Gemeinschaft ohne Zweifel gespalten. Denn für jedes Mitgliedsland der EG müssen je nach den verschiedenen nationalen Verfahren unterschiedliche Anträge gestellt werden. Daher hat die Kommission in ihrem Weißbuch die Einführung eines einzigen Warenzeichensystems für die gesamte EG vorgeschlagen. Dadurch wäre nur noch eine einzige Eintragung erforderlich und es würde nur ein einheitliches Einspruchsverfahren angewandt, das parallel zu den fortbestehenden nationalen Systemen Anwendung fände.

Bereits 1975 ist schon ein Gemeinschaftspatentübereinkommen ausgehandelt worden, dessen entscheidende Neuerung ein einheitliches europäisches Patentrecht für die gesamte Gemeinschaft ist. Sieben Mitgliedsstaaten haben das Abkommen bereits ratifiziert. In Dänemark und Irland wird die Ratifizierung durch hohe Verfassungshürden erschwert. Das Abkommen ist auf einer Regierungskonferenz 1985 neu verhandelt worden und inzwischen von allen zwölf Mitgliedsstaaten paraphiert worden.

Zum Urheberrecht hat die Kommission 1988 ein Grünbuch vorgelegt, das Grundlage der künftigen Beratungen sein soll. Ferner sind Richtlinienvorschläge zur Patentierung bestimmter biotechnologischer Erfindungen und zum Schutz der Computer-Software angekündigt.

Bedeutende Fortschritte sind bisher erzielt worden durch die Annahme der Richtlinie über den Schutz der Halbleitertopographien und der

Richtlinie über das Markenrecht. Dennoch reichen die bisherigen Erfolge nicht aus, um es den Unternehmen zu ermöglichen, den Absatz ihrer Produkte auf dem gesamten europäischen Markt zu fördern. Die Annahme der Vorschläge einer Gemeinschaftsmarke und des Übereinkommens über das Gemeinschaftspatent bleiben weiterhin absolut erforderlich.

Ende Dezember 1989 unterzeichneten Vertreter der Regierungen der EG-Mitgliedsstaaten in Brüssel ein Vertragswerk, das ein grenzüberschreitendes EG-Patent samt einer Reihe von Zusatzvereinbarungen in greifbare Nähe rückt. Das Gemeinschaftspatent wird aber erst in Kraft treten, wenn es von allen zwölf EG-Mitgliedern ratifiziert worden ist. Ist dies bis Ende 1991 nicht geschehen, soll der einheitliche Patentschutz notfalls ohne Dänemark und Irland in Kraft treten. Sollten bis zu diesem Termin nicht alle zwölf Parlamente der Mitgliedsstaaten das Vertragswerk ratifiziert haben, sind die EG-Regierungen dazu ermächtigt, durch Beschluß die Ratifizierungen herabzusetzen. Das neue Schutzrecht ist eine Ergänzung zum einheitlichen Patenterteilungsverfahren.

4.1.3 Die Beseitigung der steuerlichen Schranken

Wie bereits angeführt, erklären die Steuerkontrollen, vor allem aufgrund unterschiedlicher Mehrwert- und Verbrauchssteuersätze, weitgehend die an den Grenzen innerhalb der Gemeinschaft ausgeübten Funktionen. Die Aufstellung auf der folgenden Seite zeigt die Unterschiedlichkeit der Mehrwertsteuersätze in der Europäischen Gemeinschaft. Die Harmonisierung dieser indirekten Steuern ist die politisch schwierigste Aufgabe. Für die Vollendung des Binnenmarktes ist sie aber unabdingbar.

Mit der Vollendung der Zollunion am 1. Juni 1968 wurde es bereits offensichtlich, daß es mit der alleinigen Beseitigung der Zölle nicht getan ist. Bereits relativ früh setzten auch diesbezügliche Aktivitäten der Kommission auf der Basis von Art. 99 und 100 EWGV ein. So beschloß der Ministerrat 1967, daß die bestehenden Umsatzsteuern durch eine auf einer gemeinsamen Bemessungsgrundlage beruhenden Mehrwertsteuer zu ergänzen wären. Trotz verschiedener Umsatzsteuerrichtlinien war bis dato dennoch kein befriedigendes Gemeinschaftsverfahren gefunden worden, bei dem grenzüberschreitende Verkäufe und Käufe in genau der gleichen Weise behandelt werden wie ähnliche Verkäufe und Käufe innerhalb eines Mitgliedsstaates: Das würde bedeuten, daß die Exporteure den gleichen normalen Steuersatz wie für Inlandsverkäufe zahlen müßten und

Mehrwertsteuersätze in den Mitgliedsstaaten der EG
Stand: Dezember 1989

	ermäßigter Satz	Regelsatz	erhöhter Satz
Belgien	6 und 17	19	25 und 33
Dänemark	-	22	-
Bundesrepublik Deutschland	7	14	-
Frankreich	2,1/5,5/7	18,6	28 und 33
Griechenland	3 und 6	16	36
Irland	2,4 und 10	25	-
Italien	2 und 9	18	38
Luxemburg	3 und 6	12	-
Niederlande	6	18,5	-
Portugal	8	17	30
Spanien	6	12	33
Vereinigtes Königreich	0	15	-

die Importeure würden diesen Steuersatz wie bei Inlandseinkäufen als Vorsteuer absetzen. Das heißt: die bisher üblichen komplizierten Korrektursysteme beim Verkaufsprozeß sollen überflüssig werden.

Dementsprechend schlug die Kommission ergänzend zu dem Weißbuch im August 1987 einen Gesamtplan zur Beseitigung der innergemeinschaftlichen Steuergrenzen vor, die Mehrwertsteuersätze und die Sonderverbrauchssteuern beträchtlich anzugleichen. Hinsichtlich der Mehrwertsteuer sieht der Vorschlag einen Normalsatz zwischen 14 und 20 Prozent für den überwiegenden Teil der Waren und Dienstleistungen und einen ermäßigten Satz zwischen 4 und 9 Prozent für Grundnahrungsmittel vor. Für die wichtigsten Verbrauchssteuern - auf Mineralölerzeugnisse, Tabakwaren, Spirituosen, Wein/Bier - soll eine so weitreichende Harmonisierung erreicht werden, daß der Steueranteil am Warenpreis selbst in Verbindung mit der Mehrwertsteuer so geringe Unterschiede aufweist, daß sich der Einkauf im Ausland nicht mehr lohnt. Alle sonstigen Verbrauchssteuern, in der Bundesrepublik Deutschland Steuern auf Kaffee, Tee, Salz, Zucker, Leuchtmittel, sollen entfallen.

Um die Mehrwertsteuereinnahmen innerhalb der Gemeinschaft gerecht zu verteilen, schlug die Kommission die Einführung eines Clearing-Systems vor. Bei diesem Clearing-System würde es sich im wesentlichen um eine zentrale Abrechnungsstelle handeln, über die die Mitgliedsstaaten regelmäßige Zahlungen erhalten oder leisten, je nachdem, ob sie gegenüber der übrigen Gemeinschaft insgesamt Nettoimporteure oder -exporteure sind. Die hiermit verbundenen Berechnungen würden anhand der Angaben in den normalen Mehrwertsteuererklärungen der Steuerpflichtigen vorgenommen. Damit bräuchten Betriebe ihre Umsätze mit anderen Mitgliedsstaaten steuerlich nicht mehr als Ein- oder Ausfuhren zu behandeln, wodurch für sie der bürokratische Aufwand erheblich verringert würde.

Im September 1988 begann der Rat der Finanzminister über diese Vorschläge der Kommission zu beraten. Dabei zeigte sich, daß das Problem einer Einigung größer ist als angenommen. Denn für Frankreich beispielsweise würde eine Senkung der hohen Mehrwertsteuersätze erhebliche Einnahmeverluste bedeuten. Luxemburg befürchtet seinen Vorteil als "Einkaufsparadies" zu verlieren.

Im Mai 1989 legte die Kommission neue Vorschläge auf den Tisch. Diese sehen einerseits die Einführung einer Übergangsphase bis Ende 1992 vor, während der die Mitgliedsstaaten ihre Bereitschaft zur Angleichung ihrer indirekten Steuern unter Beweis stellen müssen. Andererseits sollen für bestimmte Probleme im Bereich der Mehrwertsteuer wie z. B. die Einführung eines normalen Mindeststeuersatzes und der Wegfall des Maximalsteuersatzes, pragmatische Lösungen gesucht werden. Im Hinblick auf die Harmonisierung der Verbrauchssteuern soll durch Einführung unterschiedlicher Mindeststeuersätze für Alkohol und Tabak, durch Einführung einer Einheitssteuer oder von Steuerbandbreiten für Mineralölprodukte und von Kontrollmarken in Form von Steuermarken für bereits in einem Mitgliedsstaat versteuerte Waren eine erhöhte Flexibilität erreicht werden. Die Kommission hält an der Besteuerung im Ursprungsland der Ware fest. Die Finanzminister wollten dagegen beim Prinzip der Besteuerung im Bestimmungsland bleiben. Eine Einigung ist noch nicht abzusehen.

Bei der Angleichung der Mehrwert- und Verbrauchssteuern tritt der Ministerrat auch nach seiner Sitzung von Mitte Dezember 1989 weiterhin auf der Stelle. Die Finanzminister kamen lediglich überein, die höchst unterschiedlichen Mehrwertsteuersätze innerhalb der EG bis auf weiteres "einzufrieren" und die einheitliche Fixierung auf Bandbreiten bis zum Jahresende 1991 zu verschieben. Luxemburg und Großbritannien meldeten überdies Bedenken gegen die Bandbreiten an: Luxemburg befürchtet die Anhebung seiner Mehrwertsteuer von 12 auf 14 Prozent. London hält die Angleichung der Steuersätze per Richtlinie prinzipiell für falsch.

4.1.4 Der Europäischen Binnenmarkt - ein einheitlicher Sozialraum?

Viele Bundesbürger befürchten einen Abbau sozialer Rechte durch den kommenden europäischen Binnenmarkt. Trifft diese Einschätzung zu?

Nach Art. 117 EWGV sind sich die Mitgliedsstaaten der EG einig, auf eine Verbesserung der Lebens- und Arbeitsbedingungen der Arbeitnehmer hinzuwirken und dadurch auf dem Wege des Fortschritts ihre Angleichung zu ermöglichen.

Mit der Einheitlichen Europäischen Akte hat sich die Gemeinschaft auch dem Ziel verpflichtet, einen einheitlichen Sozialraum zu schaffen. In dem neu in die "Römischen Verträge" aufgenommenen Art. 118 a EWG-Vertrag bemühen sich die Mitgliedsstaaten, die Verbesserung insbesondere der Arbeitsumwelt zu fördern, um Sicherheit und Gesundheit der Arbeitnehmer zu schützen. Dabei soll der Rat der Sozialminister auf Vorschlag der Kommission, in Zusammenarbeit "mit dem Europäischen Parlament und nach Anhörung des Wirtschafts- und Sozialausschusses unter Berücksichtigung der in den einzelnen Mitgliedsstaaten bestehenden Bedingungen und technischen Regelungen mit qualifizierter Mehrheit durch Richtlinien Mindestvorschriften, die schrittweise anzuwenden sind, erlassen." Der ebenfalls neu hinzugefügte Art. 118 b sieht die Fortentwicklung des sozialen Dialogs zwischen den Sozialpartnern auf europäischer Ebene durch die Kommission bis hin zu einer vertraglichen Regelung vor.

Der Europäische Rat der Staats- und Regierungschefs vertrat auf seiner Sitzung in Madrid aufgrund der Ergebnisse seiner Tagungen in Hannover und auf Rhodos die Ansicht, daß soziale Fragen im Zuge der Schaffung des Binnenmarktes die gleiche Bedeutung wie wirtschaftliche Fragen erhalten sollten und daher in ausgewogener Weise weiterentwickelt werden.

Entsprechende Entschließungen verabschiedete das Europäische Parlament am 15. März 1989 und nach seiner Neuwahl am 14. September 1989. Der Wirtschafts- und Sozialausschuß gab am 22. Februar 1989 eine entsprechende Stellungnahme ab. Nach ihrem Vorentwurf von Ende Mai legte die Kommission Anfang September 1989 ihren Entwurf der Gemeinschaftscharta der sozialen Grundrechte vor. Er sollte am 8./9. Dezember 1989 vom Europäischen Rat in seiner Straßburger Tagung als feierliche Erklärung verabschiedet werden, nachdem er Ende Oktober von den Sozialministern bereits beraten wurde.

Bei der britischen Premierministerin, und nicht allein bei dieser, stieß jedoch der Entwurf einer Sozialcharta auf wenig Gegenliebe. Margaret Thatcher hält EG-weite soziale Mindeststandards für nicht erforderlich. Die Kommission will die Charta durch ein konkretes Aktionsprogramm ergänzen.

Der Entwurf der Gemeinschaftscharta der sozialen Grundrechte

Eines der vorrangigen wirtschafts- und sozialpolitischen Ziele ist die Förderung der Beschäftigung und die Bekämpfung der Arbeitslosigkeit. Der soziale Konsens soll zur Stärkung der Wettbewerbsfähigkeit der Unternehmen und der gesamten Wirtschaft sowie zur Schaffung von Arbeitsplätzen beitragen. Oder anders formuliert: Durch den Abbau der Unterschiede in den sozialpolitischen Vorschriften in den verschiedenen Mitgliedsstaaten der EG sollen die Wettbewerbsbedingungen für die Unternehmen vereinheitlicht werden. Der EWG-Vertrag in seiner durch die Einheitliche Europäische Akte geänderten Fassung enthält außer den bereits genannten Bestimmungen solche über die Zuständigkeit der Gemeinschaft für die Freizügigkeit der Arbeitnehmer, die Niederlassungsfreiheit, die Sozialvorschriften, die gemeinsame Berufsbildungspolitik sowie den wirtschaftlichen und sozialen Zusammenhalt.

Nach dem Anspruch der Kommission soll mit dem von ihr im September 1989 vorgelegten Entwurf der Sozialcharta bekräftigt werden, daß die Durchführung der Einheitlichen Europäischen Akte die soziale Dimension der Gemeinschaft vollauf berücksichtigen muß und die sozialen

Rechte der Bürger der EG, insbesondere der Arbeitnehmer und der Selbständigen, weiterentwickelt werden sollen.

Was sieht der Entwurf der Charta der sozialen Grundrechte vor?

1. Alle EG-Bürger haben im gesamten Gebiet der Gemeinschaft ein Recht auf Freizügigkeit mit der Ermöglichung der Ausübung jedes Berufes oder jeder Beschäftigung unter den für die Angehörigen des Aufnahmestaates geltenden Voraussetzungen, sofern diese den Bestimmungen des Gemeinschaftsrechts nicht entgegenstehen. Dieses Recht auf Freizügigkeit schließt die Gleichbehandlung mit den Bürgern des Aufnahmestaates in allen Bereichen einschließlich sozialer und steuerlicher Vergünstigungen ein.

Voraussetzungen sind:
a) die Harmonisierung der Aufenthaltsbedingungen in den Mitgliedsstaaten, insbesondere der Familienzusammenführung;
b) die Beseitigung von Hindernissen, die aus der Nichtanerkennung bestimmter Arten von Diplomen und Befähigungsnachweisen erwachsen;
c) die Verbesserung der Lebens- und Arbeitsbedingungen für die in den Grenzgebieten lebenden Bürger, insbesondere der der Grenzgänger.

Ebenso sollen allen Arbeitnehmern aus der EG, die namentlich im Rahmen öffentlicher Aufträge eine nicht nur vorübergehende Beschäftigung in einem anderen Mitgliedsland als ihrem Herkunftsland ausüben, die gleichen Arbeitsbedingungen und die gleichen Sozialschutzrechte wie den Arbeitnehmern des Aufnahmelandes garantiert werden. Das gleiche gilt für gewerbliche Arbeitnehmer, die im Rahmen des freien Dienstleistungsverkehrs Arbeiten, die nicht auf Zeit sind, in einem anderen Mitgliedsstaat verrichten.

2. Ein weiteres Ziel des Entwurfs der Sozialcharta ist die Verbesserung der Lebens- und Arbeitsbedingungen, insbesondere, daß
a) jeder das Recht der freien Berufswahl und -ausübung nach den entsprechend geltenden Vorschriften hat;
b) für jede Beschäftigung ein gerechtes Entgelt gezahlt wird und es sich zu diesem Zweck empfiehlt, daß durch Rechtsvorschriften oder Tarifverhandlungen oder entsprechend den einzelstaatlichen Gepflogenheiten Mindestlöhne eingeführt werden;
c) jedermann die Dienste der Arbeitsämter unentgeltlich in Anspruch nehmen kann.

Von der Verwirklichung dieser Zielsetzung sind betroffen:
a) die Gestaltung und Flexibilität der Arbeitszeit, insbesondere die Festsetzung einer Höchstarbeitszeit;
b) alle anderen Arbeitsformen als den unbefristeten Tarifvertrag;
c) andere Arbeitsformen wie Wochenendarbeit, Nachtarbeit und Schichtarbeit sowie regelmäßige Überstunden.

3. Die Arbeitnehmer aus den Mitgliedsstaaten der EG sollen einen Anspruch auf bezahlten Jahresurlaub und auf die wöchentliche Ruhezeit haben, ferner einen Anspruch, daß die Arbeitsbedingungen in einem Beschäftigungsvertrag niedergelegt werden, es sei denn, daß diese Bedingungen gesetzlich oder tarifvertraglich geregelt sind.

   Entsprechend den Gegebenheiten der einzelnen Länder hat jeder Bürger der EG das Recht auf einen angemessenen sozialen Schutz und auf ausreichende Leistungen der sozialen Sicherheit, die sich nach der Dauer der Arbeitsleistung, nach dem Entgelt oder nach ihrem Beitrag zur Finanzierung des betreffenden sozialen Schutzsystems richten.

   Alle Arbeitslosen bzw. vom Arbeitsmarkt Ausgegrenzten, die keinen Anspruch auf Leistungen mehr haben, sollen ein Mindesteinkommen und eine angemessene Sozialhilfe beziehen können.

   Ebenso sollen alle, insbesondere ältere Menschen, die nicht über ausreichende Mittel für ihren Unterhalt verfügen, ein abgestuftes und durch eine angemessene Sozialhilfe ergänztes Mindesteinkommen beziehen können.

4. Jeder Arbeitgeber und jeder Arbeitnehmer hat das Recht, sich jeder beruflichen oder anderen Vereinigung seiner Wahl anzuschließen. Dies beinhaltet insbesondere die Anerkennung der Koalitionsfreiheit und der Freiheit, Tarifverträge auszuhandeln und abzuschließen, die zu fördern sind.

   "Dieses Recht schließt vor allem die Möglichkeit ein, auf europäischer Ebene tarifvertragliche Beziehungen zwischen den Sozialpartnern herzustellen, wenn diese es für wünschenswert halten. Tarifverträge können die Beschäftigungs- und Arbeitsbedingungen der Arbeitnehmer und die damit verbundenen sozialen Vergünstigungen regeln. Dazu muß der Dialog zwischen den Sozialpartnern insbesondere auf branchenübergreifender und sektoraler Ebene europaweit ausgebaut werden" (Entwurf der Sozialcharta, dokumentiert in "Handelsblatt" vom 9. Okt. 1989).

Das Recht, bei Interessenkonflikten Kollektivmaßnahmen zu ergreifen, schließt das Streikrecht, vorbehaltlich ausdrücklicher Ausnahmen nach der geltenden Gesetzgebung, ein.

5. Jeder Arbeitnehmer soll die Möglichkeit zu einem bezahlten Bildungsurlaub haben.

6. Die Chancengleichheit für Männer und Frauen ist weiter auszubauen. Hierzu sind die Maßnahmen zur Verwirklichung der Gleichheit in den Bereichen Arbeitsentgelt, Zugang zur Beschäftigung, sozialer Schutz, allgemeine und berufliche Bildung sowie beruflicher Aufstieg zu verstärken.
7. Der Entwurf sieht eine Unterrichtung, Anhörung und Mitwirkung der Arbeitnehmer in geeigneter Weise rechtzeitig vor allem in folgenden Fällen vor:
a) "bei der Einführung technologischer Veränderungen in den Unternehmen, wenn diese die Arbeitsbedingungen und die Arbeitsorganisation der Arbeitnehmer entscheidend verändern";
b) "bei der Umstrukturierung oder Verschmelzung von Unternehmen, wenn dadurch die Beschäftigung der Arbeitnehmer berührt wird";
c) "bei Massenentlassungen und Konkursen";
d) "im Falle von Grenzgängern, die von den Beschäftigungsmaßnahmen des sie beschäftigenden Unternehmens betroffen sind" (Entwurf der Sozialcharta, dokumentiert in "Handelsblatt" vom 9. Okt. 1989).

8. Ein ausreichender Gesundheits- und Sicherheitsschutz in seiner Arbeitsumwelt für jeden Arbeitnehmer mit einer entsprechenden Harmonisierung der auf diesem Gebiet bestehenden Bedingungen wie auch ein entsprechender Kinder- und Jugendschutz mit einem Mindestalter von 16 Jahren bei einem Eintritt in das Erwerbsleben bei einem angemessenen Arbeitsentgelt, einer Garantie einer mindestens zweijährigen Berufsausbildung nach Ablauf der Schulpflicht sowie entsprechende Arbeitszeitregelungen sind weitere Zielprojektionen des Sozialcharta-Entwurfs.

9. Für Menschen im Ruhestand oder im Vorruhestand soll ein angemessener Lebensstandard gewährleistet sein. "Wer das Rentenalter

erreicht hat, aber aus irgendeinem Grund keinen Rentenanspruch besitzt oder über keine sonstigen ausreichenden Unterhaltsmittel verfügt, sollte ein abgestuftes Mindesteinkommen beziehen, das durch sozialen Schutz sowie seinen Bedürfnissen angemessene Sozialhilfeleistungen und Sachleistungen bei Krankheit ergänzt wird, und darüber hinaus den bestmöglichen Zugang zu diesen Leistungen erhalten" (Entwurf der Sozialcharta, dokumentiert in "Handelsblatt" vom 9. Oktober 1989).

10. Für alle Behinderten sieht der Entwurf der Charta der sozialen Grundrechte vor, daß diese Personengruppe konkrete ergänzende Maßnahmen zur Förderung ihrer beruflichen und sozialen Eingliederung in Anspruch nehmen können muß.

Am 20. November 1989 legte die Kommission ein 45 Einzelvorschläge umfassendes sozialpolitisches Aktionsprogramm vor: Im Gegensatz zur rechtliche unverbindlichen Sozialcharta soll ein Großteil der Vorschläge den Arbeitnehmern einklagbare Ansprüche sichern. Zur Verwirklichung der sozialen Dimension des Europäischen Binnenmarktes plant die Kommission 1990 und 1991 Einzelvorschläge zu den Bedingungen am Arbeitsplatz, zur Leiharbeit, der Verbesserung der beruflichen Aus- und Fortbildung, dem Recht auf Information und Anhörung von Arbeitnehmern in grenzüberschreitend tätigen Unternehmen, zur Vermögensbildung, zum Mutterschaftsurlaub, Jugendschutz und zur Eingliederung Behinderter.

Mit einem weiteren Vorschlag strebt die Kommission einheitliche Mindestanforderungen bei flexiblen Arbeitszeitregelungen an.

Die Arbeits- und Sozialminister zum Entwurf der Sozialcharta

Am 30. Oktober 1989 hatten die Arbeits- und Sozialminister der EG den Entwurf der Sozialcharta abschließend beraten. Wie bereits im Entwurf werden in der "Gemeinschatscharta der sozialen Grundrechte der Arbeitnehmer" unter anderem das Recht auf Freizügigkeit, angemessene Entlohnung und soziale Sicherheit in allgemeiner Form verlangt. Zu den Grundrechten der Arbeitnehmer sollen ferner das Recht auf Koalitionsfreiheit und auf freie Tarifverhandlungen, Zugangs zur Berufsausbildung und Weiterbildung sowie das Recht auf Mitwirkung, Unterrichtung sowie Anhörung bei wichtigen unternehmerischen Entscheidungen gehören. Die EG-Regierungen werden aufgefordert, die Mitwirkungsrechte nach ihren eigenen Vorstellungen weiter zu entwickeln. Dies gilt insbesondere für multinationale Unternehmen. Im Verlaufe der Verhandlungen ist der Entwurf Schritt für Schritt verbessert worden: So einigte man sich in der Präambel, daß es Sache der Mitgliedsstaaten sei, die meisten Vorschriften nach den jeweiligen nationalen Rechtssystemen zu verwirklichen. Außerdem wird voll auf das Subsidiaritätsprinzip hingewiesen, wonach für die soziale Sicherung der Arbeitnehmer zunächst die Mitgliedsstaaten und ihre Gebietskörperschaften zuständig seien.

Großbritannien blieb aus grundsätzlichen Fragen bei seiner ablehnenden Haltung.

Wie bereits in dem Entwurf von der Kommission angekündigt, will diese die Vorschläge der Sozialcharta durch ein Aktionsprogramm konkretisieren. Hierzu legte Bundesarbeitsminister Norbert Blüm einen Neun-Punkte-Plan vor, der vom DGB, der BDA und dem Bundesarbeitsministerium unterzeichnet wurde.

Der Neun-Punkte-Plan setzt sich ein für einen mindestens vierwöchigen bezahlten Jahresurlaub, den Schutz von Kindern und Jugendlichen u. a. mit einem Mindestalter von nicht unter 15 Jahren für die Zulassung der Beschäftigung, Mutterschutz, Eingliederung geistig und körperlich Behinderter ins Arbeitsleben, das Recht auf Zugang zu unparteiischer und unentgeltlicher Berufsberatung und Arbeitsvermittlung, Entgeltfortzahlungen an Feiertagen, Entgeltfortzahlungen im Krankheitsfall, Gesundheitsschutz und Sicherheit am Arbeitsplatz. Der neunte Punkt behandelt das Thema "Arbeitnehmerüberlassung": "Gewerbsmäßige Arbeitnehmerüberlassung darf zum Schutz der Arbeitnehmer, des Arbeitsmarktes und geordneten Wettbewerbs nicht ungeregelt sein. Bei grenzüberschreitender gewerbsmäßiger Arbeitnehmerüberlassung ist die Erlaubnis des aufnehmenden Mitgliedsstaates unverzichtbar, der entsendende Staat kann eine Erlaubnispflicht vorsehen." Die meisten der in dem Neun-Punkte-Plan genannten Vorschläge unterliegen einer nationalen Regelung.

Bereits am 26. Juli 1986 betonten der Deutsche Gewerkschaftsbund (DGB) und die Bundesvereinigung der Deutschen Arbeitgeberverbände (BDA) in einer gemeinsamen Erklärung in Frankfurt/Main, daß keinesfalls in allen Bereichen der Sozialpolitik eine europaweite Harmonisierung angestrebt werden solle. "Die soziale Dimension des Binnenmarktes muß auf die historisch gewachsenen Strukturen und die unterschiedlichen wirtschaftlichen Bedingungen in den Mitgliedsstaaten Rücksicht nehmen." Dabei vertraten DGB und BDA auch die Ansicht, daß das europäische Element neben dem nationalen Element der Sozialpolitik an Bedeutung gewinnen werde.

In ihrer gemeinsamen Erklärung treten DGB und BDA für die gemeinschaftsweite Formulierung sozialer Mindestnormen, die in keinem Mitgliedsland unterschritten werden dürfen, ein. Zugleich bejahen beide Unterzeichner die Notwendigkeit, die "qualitativen Grundfreiheiten wie Koalitionsfreiheit, Tarifautonomie und Beteiligung der Arbeitnehmer in der Europäischen Gemeinschaft anzuerkennen. Während die BDA die Gewährleistung dieser zentralen Elemente der Sozialverfassung der Verantwortung der Mitgliedsstaaten überlassen will, strebt der DGB in diesem Bereich unveräußerliche Rechte in allen Mitgliedsstaaten an, die über das Gemeinschaftsrecht gesichert werden sollen."

Beide, BDA und DGB, wandten sich entschieden gegen eine Absenkung der national erreichten Niveaus des Gesundheits- und Arbeitsschutzes durch Harmonisierungsmaßnahmen in der EG. Dementsprechend gehen DGB und BDA auch davon aus, "daß die Vollendung des Binnenmarktes nicht die Notwendigkeit einer Veränderung der mitbestimmungsrechtlichen Situation in der Bundesrepublik Deutschland auslösen wird."

Hinsichtlich der sozialen Dimension des Binnenmarktes äußerten die Gewerkschaften in der Bundesrepublik Deutschland immer wieder die Befürchtung vor einem sogenannten "Sozialdumping". Diese Befürchtungen wurden vor allem genährt durch eine Diskussion mit dem einseitigen Verweis auf die zu hohen Löhne und Lohnnebenkosten sowie die zu kurzen Arbeitszeiten, die angeblich die Wettbewerbsfähigkeit der Bundesrepublik Deutschland infrage stellten. Vergleiche von fünf DM Stundenlohn in Portugal und 30 DM in der Bundesrepublik Deutschland schürten die Ängste vor einem Lohnabbau. Eine Untersuchung der Kommission über die unterschiedlichen Lohnkosten in der Gemeinschaft bestätigte diese Befürchtungen jedoch nicht: Denn die sogenannten "Hochlohnländer" wie die Bundesrepublik Deutschland haben nach dieser Untersuchung einen relativ niedrigen Arbeitskostenaufwand je tausend ECU Produktionseinheit, dagegen die sogenannten "Niedriglohnländer" einen relativ hohen Arbeitskostenaufwand mit tausend ECU Produktionseinheit. Nach dieser Untersuchung lag die Bundesrepublik Deutschland im Mittelfeld.

Auch die BDA kam 1988 in einer Untersuchung zu dem Ergebnis, daß "im EG-Vergleich die Bundesrepublik Deutschland bei den Arbeitgeberaufwendungen für soziale Sicherheit in Prozent der Arbeitskosten hinter Italien, Frankreich und den Niederlanden eine mittlere Position einnimmt."

Kritik an dem Entwurf der Sozialcharta

Das Europäische Parlamentkritisierte an dem Entwurf der Sozialcharta, daß

a) es keine Gleichbehandlung für die Arbeitnehmer aus Drittländern mit denjenigen aus den Mitgliedsstaaten gibt;

b) einige Rechte nur für zeitlich unbefristete Arbeit gelten, so daß die Gefahr des "sozialen Dumpings" für Beschäftigte mit Zeitverträgen besteht;

c) häufige Hinweise auf die nationalen Rechtsvorschriften und Praktiken in bestimmten Bereichen wie Streikrecht, Kinderarbeit usw. zu Lasten der Arbeitnehmer ausgelegt werden können.

Für das von der Kommission angekündigte Aktionsprogramm erstellte das Europäische Parlament einen Prioritätenkatalog.

Den recht allgemein gehaltenen Entwurf der Europäischen Sozialcharta trifft der Vorwurf, daß er bei den entscheidenden Schritten gegen soziales Dumping und für ein minimales Informations- und Konsultationsrecht der Arbeitnehmer versagte. In ihrer Ausgabe vom 24. November 1989 kritisierte "DIE ZEIT", daß auf konkrete Vorschläge für die Gleichbehandlung von Arbeitskräften, die für europaweit tätige Leihunternehmer arbeiten, verzichtet wurde. Die befürchteten Konsequenzen: "Damit kann es künftig geschehen, daß Billiglöhne für Arbeiten auch in

Ländern gezahlt werden, in denen an sich ein höherer Tarif gilt. Wenn sich auf diese Weise eine Unterklasse ausländischer Arbeitnehmer aus Portugal oder Spanien herausbildet, wird dies über kurz oder lang auch die Lage der bislang noch geschützten heimischen Arbeitskräfte beeinträchtigen." Gefahr wird ebenfalls für den Standard der relativ weiten Mitbestimmung in der Bundesrepublik Deutschland gesehen, da die europäische Ebene die nationale immer mehr überlagere.

Kritisch setzte sich auch die Europagruppe des Frankfurter Instituts für wirtschaftspolitische Forschung mit dem Entwurf der Sozialcharta in einem Beitrag in der Ausgabe vom 2. Dezember 1989 der "Frankfurter Allgemeinen Zeitung" auseinander: Dort wird die Auffassung vertreten, daß die verordnete Angleichung von Arbeitsbedingungen und Sozialvorschriften den Arbeitnehmern in den weniger entwickelten Mitgliedsstaaten schade. Denn nach einer Vollendung des Binnenmarktes sei auf längere Sicht zu erwarten, "daß die Einkommen in den ärmeren Mitgliedsländern mehr als bisher steigen werden und das Einkommengefälle in der Gemeinschaft abnehmen wird. Im Zuge dieses Aufholprozesses werden die nichtpekuniären Ansprüche der Arbeitnehmer in diesen Ländern ganz ohne Zutun der EG ansteigen und sich dem deutschen Niveau nähern. Wer jedoch schon jetzt - zum Beispiel durch europäische Mindestnormen - eine Verschärfung der sozialpolitischen Regulierung in den ärmeren Mitgliedsländern erzwingt, läuft Gefahr, den dortigen Aufholprozeß zu behindern." Die Europagruppe des Frankfurter Instituts plädiert deshalb für die Anwendung des "Cassis-de-Dijon"-Prinzips (Ursprungslandsprinzips) auch im Bereich der Sozialpolitik.

Die "Gemeinschaftscharta der sozialen Grundrechte der Arbeitnehmer" wurde in Straßburg von den Staats- und Regierungschefs mehrheitlich gegen die Stimme Margaret Thatchers angenommen. Der Europäische Rat nahm das von der Kommission vorgelegte Aktionsprogramm zur Kenntnis und ersuchte den Ministerrat, über diese Vorschläge zu beraten.

4.1.5 Die Gemeinschaft auf dem Weg zum Binnenmarkt Zusammenfassung

Wenn auch bereits ein großer Teil der Vorschläge des Weißbuchs der Kommission verwirklicht sind, so sind doch noch wesentliche Voraussetzungen bis zur Verwirklichung der vier Freiheiten - freier Personenverkehr, freier Warenverkehr, freier Dienstleistungsverkehr, freier Kapitalverkehr - noch nicht erfüllt: die Koordinierung der Einreise- und Asylpolitik der Mitgliedsstaaten, die umfassende endgültige Harmonisierung der technischen Normen, Harmonisierung der Steuersysteme, Harmonisierungen im Verkehrswesen u. a. So tritt auch das zwischen der Bundesrepublik Deutschland, den Beneluxstaaten und Frankreich abgeschlossene Schengener Abkommen mit Abschaffung der Personenkontrollen an den Grenzen zum 1. Januar 1990 nicht in Kraft, da über eine notwendige polizeiliche Zusammenarbeit und ein gemeinsames Fahndungssystem keine Einigung erzielt werden konnte.

Zu der Vollendung des Binnenmarktes gehört auch eine sozialpolitische Dimension. Hier bleibt zu hoffen, daß die sehr unverbindlich gehaltene Sozialcharta durch ein (rechts-)verbindliches Aktionsprogramm ausgefüllt wird. Dies betrifft auch die Frage, welches Mitbestimmungsmodell in grenzüberschreitenden Europäischen Aktiengesellschaften - wie sie die Kommission als Ziel anstrebt - befolgt werden soll.

4.2 Die Gemeinsame Agrarpolitik

Nach Art. 39 EWG-Vertrag ist Ziel der Gemeinsamen Agrarpolitik:

"a) die Produktivität der Landwirtschaft durch Förderung des technischen Fortschritts, Rationalisierung der landwirtschaftlichen Erzeugung und den bestmöglichen Einsatz der Produktionsfaktoren, insbesondere der Arbeitskräfte, zu steigern;

b) auf diese Weise der landwirtschaftlichen Bevölkerung, ... eine angemessene Lebenshaltung zu gewährleisten;

c) die Märkte zu stabilisieren;

d) die Versorgung sicherzustellen;

e) für die Belieferung der Verbraucher zu angemessenen Preisen Sorge zu tragen."

Neben diesen Zielen werden in den folgenden Artikeln des EWG-Vertrages auch bereits einige Instrumente für den Aufbau der **Gemeinsamen Agrarpolitik** genannt: gemeinsame Organisation der Agrarmärkte, einheitliche Preispolitik, Schaffung eines oder mehrerer Ausrichtungs- oder Garantiefonds für die Landwirtschaft. Aufgabe der Organe blieb es, den damit gesetzten Rahmen auszugestalten.

Im wesentlichen beruht der Gemeinsame Agrarmarkt auf drei Prinzipien:

- Einheit des Marktes
- Gemeinschaftspräferenz
- Finanzielle Solidarität

Einheit des Marktes bedeutet einen freien Warenverkehr mit Agrarerzeugnissen zwischen den Mitgliedsstaaten ohne Zölle, Mengenbegrenzungen und unterschiedliche nationale Rechtsvorschriften. Auch nach Aufbau der Zollunion seit 1970 ist die Markteinheit noch nicht voll verwirklicht. Dies soll aber bis Ende 1992 geschehen.

Gemeinschaftspräferenz heißt, daß dem Absatz der innergemeinschaftlichen Erzeugnisse Vorrang einzuräumen ist. Für die Durchsetzung der Gemeinschaftspräferenz ist es wichtig, den Binnenmarkt gegen Niedrigpreiseinfuhren und mitunter übermäßige Preisschwankungen auf den Weltmärkten abzusichern. Dies wird mit verschiedenen Instrumenten erreicht, die bei der Ein- und Ausfuhr wie ein Schleusensystem arbeiten und Preisschwankungen an den Außengrenzen der Gemeinschaft abfangen.

Die Finanzielle Solidarität, drittes Prinzip des Gemeinsamen Agrarmarktes, ist ein Grundpfeiler der Gemeinsamen Agrarpolitik: Um diese in die Praxis umzusetzen, wurde der Europäische Ausrichtungs- und Garantiefonds für die Landwirtschaft (EAGFL) gegründet. Aus dem EAGFL werden die für die Agrarpolitik erforderlichen Ausgaben gemeinschaftlich finanziert.

4.2.1 Die Gemeinsamen Marktordnungen: Herstellung der Markteinheit

Nachdem Ziele und Grundsätze der Gemeinsamen Agrarpolitik festlagen, wurden seit 1962 schrittweise die verschiedenen **Marktordnungen**, auch Marktorganisationen genannt, ausgearbeitet und in Kraft gesetzt. Bis 1986 waren davon über 90 Prozent der landwirtschaftlichen Produkte erfaßt. Lediglich für Kartoffeln und Agraralkohol wurden die Vorschläge der Kommission für eine gemeinsame Marktordnung vom Ministerrat noch nicht genehmigt.

Die Marktordnungen sind Instrumente, um z. B. Preise für Agrarprodukte so festzusetzen, daß sie durch Angebot und Nachfrage nur noch gering beeinflußt werden. Diese Maßnahmen sollen Preisstürze bei reichen Ernten ebenso verhindern wie Preisauftriebe in Mangelsituationen. Das heißt: Die Marktordnungen sind gleichermaßen an Erzeuger- und Verbraucherinteressen orientiert, jedoch steht in erster Linie die Schutzbedürftigkeit des jeweiligen landwirtschaftlichen Erzeugnisses im Vordergrund.

Je nach dem Ausmaß des Schutzes lassen sich die Marktordnungen in drei Gruppen unterteilen:

a) Marktordnungen, die das betreffende Agrarprodukt voll und unbegrenzt schützen. Wichtigstes Instrument ist der **Interventionspreis**. Diese Marktordnungen gelten für ca. 70 Prozent aller Agrarprodukte, so u. a. für die wichtigsten Getreidearten, Zucker, Milchprodukte, Rindfleisch, Oliven, einige Obst- und Gemüsesorten.

b) Marktordnungen, die das betreffende Agrarprodukt nicht so umfassend schützen. Diese sehen z. B. keine Intervention vor, sondern lediglich Schutzmaßnahmen vor Billigeinfuhren aus Drittländern. Diese Marktordnungen gelten für ca. 25 Prozent aller Agrarprodukte.

c) Marktordnungen, die nur noch geringen Schutz bieten. Sie sehen lediglich Beihilfen für die Lagerung von Überschüssen, wie. z. B. Schweinefleisch vor, oder pauschale Beihilfen je Hektar Produktionsfläche.

Angelpunkt der erstgenannten Marktordnungen ist der Richtpreis. Dieser wird als agrarpolitisch wünschenswerter Erzeugerpreis zu Beginn eines jeden Jahres durch den Rat der Agrarminister festgelegt. Ist das inländische Angebot nun größer als die Nachfrage, so sinkt der Marktpreis, d. h. der Erzeugerpreis, unter den Richtpreis. Erreicht schließlich der Preisrückgang einen bestimmten Punkt, greift die Gemeinschaft stabilisierend ein und bietet den Erzeugern an, ihr Getreide zu einem im voraus festgesetzten Preis, dem Interventionspreis, abzunehmen. Dieser liegt deutlich unter dem Richtpreis. Er bildet eine Untergrenze des Inlandpreisniveaus und bedeutet für die Erzeuger eine Art Mindestpreisgarantie. Der Interventionspreis ist somit ein Eckpfeiler des Agrarsystems der Europäischen Gemeinschaft.

4.2.2 Schwellenpreis, Abschöpfungen, Erstattungen - Das Prinzip der Gemeinschaftspräferenz

Die innergemeinschaftlichen Preise für zahlreiche Agrarprodukte, wie z.B. Weichweizen, Roggen, Rindfleisch liegen generell weit über den Preisen anderer großer Agrarproduzenten der Welt. Regulierende Eingriffe an den Grenzen der EG sind aber unvermeidlich, wenn einerseits vermieden werden soll, daß der Gemeinschaftsmarkt mit billigeren Agrarprodukten, die häufig im Ursprungsland staatlich subventioniert sind, überschwemmt wird, andererseits den Erzeugern der EG die Teilnahme am Welthandel offengehalten werden soll.

Für die Einfuhren wird deshalb ein **Schwellenpreis** festgesetzt, auf den der niedrigere Einfuhrpreis (Weltmarktpreis + Transportkosten bis zur Grenze der EG) hochgeschleust wird. Dabei soll der Schwellenpreis in etwas dem Richtpreis entsprechen. Die Differenz zwischen Schwellenpreis und Angebotspreis wird als **Abschöpfung** erhoben und fließt in die Gemeinschaftskasse. Dem EG-Exporteur wird die Differenz zwischen EG-Marktpreis und dem wahrscheinlichen Weltmarktpreis erstattet. Dieses System der Abschöpfungen und Erstattungen bildet den zweiten Pfeiler des EG-Agrarsystems. Das Schaubild auf der folgenden Seite beschreibt diesen Mechanismus der Abschöpfungen und Erstattungen.

Die Agrarpreise und das Problem instabiler Wechselkurse

Parallel zur schrittweisen Einführung der Marktordnungen wurden auch die Preise stufenweise einander angenähert, bis ein gemeinsames Preisniveau erreicht war. Diese gemeinsamen Preise werden jeweils zu Beginn eines jeden Jahres auf Vorschlag der Kommission vom Rat der Agrarminister angepaßt. Da es jedoch noch keine einheitliche europäische Währung gibt, werden die Preise seit 1979 in ECU, vorher in ERE (Europäische Rechnungseinheit), festgesetzt und anschließend in die verschiedenen Währungen umgerechnet.

Um reibungslos funktionieren zu können, ging das System gemeinsamer Agrarpreise von stabilen Wechselkursen zwischen den verschiedenen nationalen Währungen aus. Dies wurde jedoch geändert als die Wechselkurse seit Beginn der siebziger Jahre ins Schwanken gerieten. Das bedeutete: Es mußte ein neuer Korrekturmechanismus gefunden werden. Dieser bestand in der Einführung der **Währungsausgleichsbeträge**.

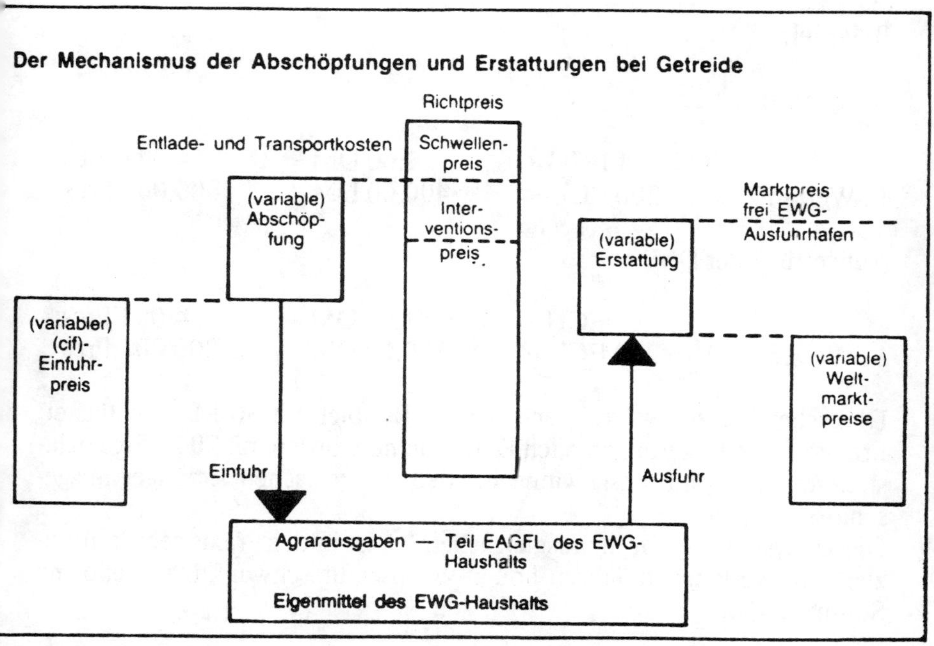

aus: Europäische Gemeinschaft (1987): Die Gemeinsame Agrarpolitik und ihre Reform. - Luxemburg, S. 17

Das System der Grenz- oder Währungsausgleichsbeträge funktioniert(e) wie folgt:

Wenn ein Mitgliedsland der EG aufwertet - und die Exporte dieses Landes werden um den Prozentsatz der Aufwertung teurer - müßten eigentlich die Agrarpreise um den gleichen Prozentsatz gesenkt werden, bei einer Abwertung müßten sie im Prinzip dagegen angehoben werden. Da für die Mitgliedsstaaten dies aber untragbar gewesen wäre, wurde die Einführung sogenannter "Grüner Wechselkurse" beschlossen: Danach gewährt ein Land, dessen Währung aufgewertet wurde, Ausgleichsbeträge bei der Ausfuhr und erhebt sie bei der Einfuhr. Ein Land, das abgewertet hat, verfährt umgekehrt.

Beispiel:

Ausgangssituation

	1 ECU =	2,00 DM =	4,00 FFrcs
1 t Weizen	200 ECU =	400,00 DM =	800,00 FFrcs

Aufwertung der DM

	1 ECU =	1,60 DM =	4,00 FFrcs
1 t Weizen	200 ECU =	320,00 DM =	800,00 FFrcs

Deutscher Weizen würde nach diesem Beispiel mit 80 Mark entlastet. Französische Lieferungen nach Deutschland würden mit 200 FFrcs belastet, so daß Währungsgewinne für den französischen Erzeuger ausgeschlossen wären.
Dieses System der Grenzausgleichsbeträge ist in der Praxis sehr kompliziert und verlangt in Jahren hoher Wechselkursschwankungen enorme Summen.

Unter anderem aus diesem Grunde gibt es seit 1984 eine neue Methode für die Berechnung der Währungsausgleichsbeträge: Diese werden bei neuerlichen Auf- und Abwertungen ausgehend von der am meisten aufgewerteten Währung her berechnet. Das führt dazu, daß keine positiven Ausgleichsbeträge (bei einer Aufwertung) mehr gegeben werden.

Eine Lösung des Problems liegt jedoch nur und ausschließlich in der Gründung einer Wirtschafts- und Währungsunion.

4.2.3 Finanzierung der Kosten der Gemeinsamen Agrarpolitik

Zur Finanzierung der Kosten der Gemeinsamen Agrarpolitik wurde der bereits angesprochene **Ausrichtungs- und Garantiefonds für die Landwirtschaft (EAGFL)** geschaffen. 1986 benötigte er noch 65,5 Prozent des gesamten EG-Haushaltes. 1989 ist der Anteil der Agrarausgaben an dem EG-Haushalt in Höhe von 44,8 Milliarden ECU auf 58 Prozent abgesunken. Der Fonds hat zwei Abteilungen: eine für "Ausrichtung", die andere für "Garantie". Den größten Teil am EG-Haushalt beansprucht letztere. Aus den Mitteln dieser Abteilung wird alles bezahlt, was Erzeugern und Händlern garantiert wurde: der Aufkauf von Produkten,

Der Gemeinschaftshaushalt
1989

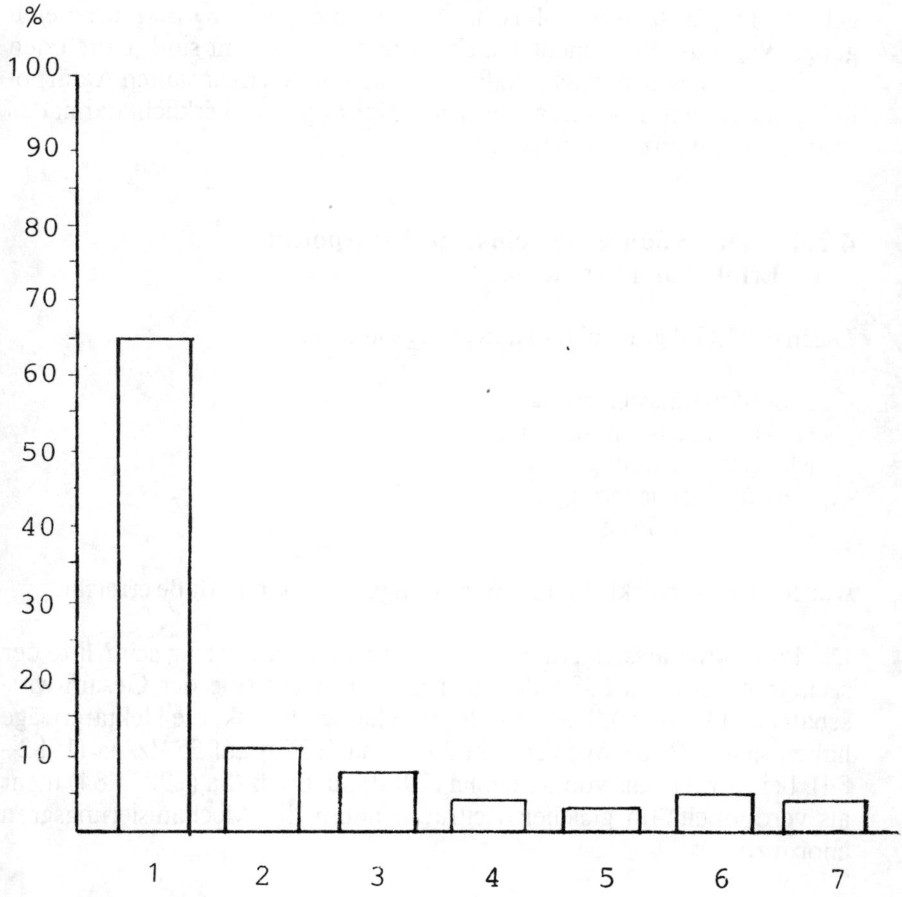

1 = Agrar- und Fischereipolitik;
2 = Regionalpolitik;
3 = Sozialpolitik;
4 = Forschung/Energie
5 = Dritte Welt;
6 = Verwaltungsaufgaben;
7 = Sonstiges.

Daten aus Stichwort Europa, 3/89

für die eine Intervention vorgesehen ist, Erstattungen für Ausfuhren, Lagerbeihilfen, etc. Die Abteilung "Ausgleich" verwaltet Gemeinschaftsgelder, die für strukturpolitische Maßnahmen, wie z. B. Flurbereinigung, Wegebau, in benachteiligten Regionen bestimmt sind. Durch den EAGFL wird es ermöglicht, daß die Kosten der Gemeinsamen Agrarpolitik gemeinschaftlich getragen werden. Der Fonds verwirklicht damit das Prinzip der Finanziellen Solidarität.

4.2.4 Über 25 Jahre Gemeinsame Agrarpolitik - Erfolge und Probleme

Die in der EG-Agrarpolitik zu Beginn gesteckten Ziele

- Produktivitätssteigerung
- Einkommenssicherung
- Marktstabilisierung
- Versorgungssicherung
- angemessene Preise

wurden teils verwirklicht, teils nur in eingeschränktem Maße erreicht.

Die Produktivitätssteigerung in der Landwirtschaft betrug seit Mitte der sechziger Jahre bis 1983/84 mehr als 6 Prozent (die der Gesamtwirtschaft ca. 4 Prozent). Die Zahl der Beschäftigten sank, die Hektarerträge haben sich z. B. bei Weizen von 23 dz/ha (1960) auf 55 dz/ha (1982 - 84), bei Körnermais von 31 dz/ha (1960) auf 66 dz/ha (1982 - 84) mehr als verdoppelt. Im gleichen Zeitraum nahm der Mechanisierungsgrad enorm zu.

Die Einkommensentwicklung verlief dagegen seit Mitte der sechziger Jahre im Zickzack: Nach einer Phase konstanten Wachstums bis 1973 war 1974 ein Einbruch zu verzeichnen, 1975 - 1978 eine Erholung, 1979 bis 1981 ein Zurückgehen, 1982 ein Anstieg, 1983 wieder ein Rückgang, 1984 erneut eine Erholung und seit 1987 wiederum ein Rückgang zu beobachten. 1988 lag das Realeinkommen der Landwirte im EG-Durchschnitt auf dem Niveau von 1973 - 1975, während 1989 z. T. beachtliche Einkommenszuwächse gegenüber dem Vorjahr zu verbuchen waren. Hierbei muß jedoch beachtet werden, daß es sich um Durchschnittswerte handelt, hinter denen sich zum Teil doch enorme Unterschiede verbergen. Bei alledem muß auch beachtet werden, daß die gemeinsame Agrar-

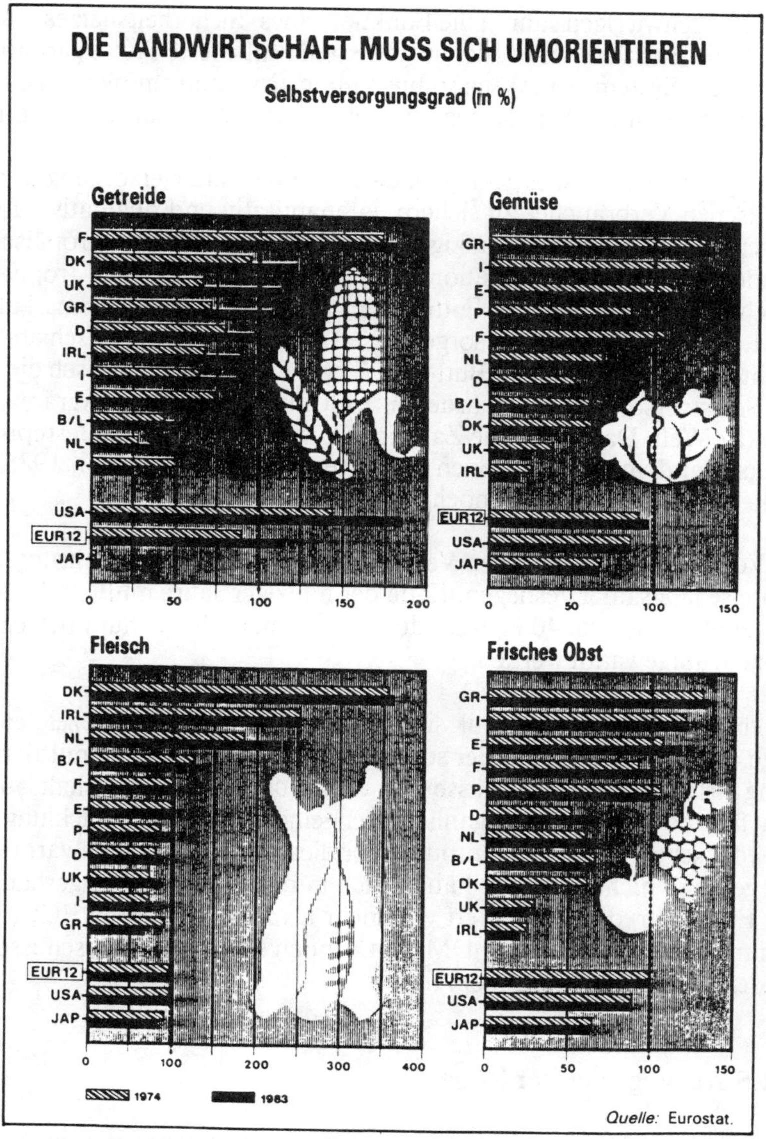

aus: Kommission der Europäischen Gemeinschaften (1986): EUR 12: Diagramm der erweiterten Gemeinschaft. In: Stichwort Europa, 5-6/86, S. 14

politik in schwierigen Jahren die Funktion eines "Sicherheitsnetzes" hatte. Durch die Intervention werden in gewissem Maße feste Preise garantiert. Durch das System der Abschöpfungen und Erstattungen bleibt die EG-Agrarwirtschaft von Preisschwankungen auf dem Weltmarkt verschont.

In der gleichen Zeit ist es gelungen, die Nahrungsmittelversorgung der europäischen Verbraucher zu sichern, ja quantitativ und qualitativ zu verbessern. Noch Ende der fünfziger Jahre gab es in einigen europäischen Ländern Nahrungsmittelrationierungen. Mit Ausnahme tropischer Früchte und eiweißhaltiger Futterpflanzen ist heute die Gemeinschaft in der Lage, sich selbst zu versorgen. Die Bundesrepublik Deutschland erreichte 1970 bei Milch und Butter, 1977 bei Getreide und Fleisch die völlige Selbstversorgung und wurde seit 1980 zum viertgrößten Agrarexporteur der Welt. Dabei ging die Zahl der Bauernhöfe in der Bundesrepublik Deutschland von 1,7 Millionen im Jahre 1947 auf 700.000 in 1985 zurück. Das Höfesterben hält noch an.

Im Vergleich zu den anderen Verbraucherpreisen sind die Nahrungsmittelpreise langsamer gestiegen. Ende der fünfziger Jahre mußten für Nahrungsmittel noch ca. 40 Prozent des Einkommens, heute nur noch ca. 20 Prozent aufgewandt werden.

Ergebnis der EG-Agrarpolitik sind jedoch nicht nur die aufgezeigten Erfolge. Schon bereits Ende der sechziger Jahre zeichnete sich mit der Bildung struktureller Überschüsse und dem Ausufern der Haushaltsausgaben für die Agrarmarktorganisationen eine negative Entwicklung ab. Obwohl schon zu diesem Zeitpunkt vor dieser Entwicklung gewarnt wurde, geschah nichts. Derzeit häufen sich in den Kühl- und Lagerhäusern der EG Agrarvorräte im Wert von mehr als zehn Milliarden ECU, d. h. von mehr als 21 Milliarden DM. Entstanden sind diese Überschüsse unter dem Schutz der Garantiepreise.

4.2.5 Auswege aus der Krise?

Als Instrument, dieser Entwicklung entgegenzusteuern, wurde Anfang der achtziger Jahre u. a. die schrittweise allgemeine Anwendung von Garantieschwellen eingeführt. Damit müssen die Erzeuger, wenn die Produktion ein bestimmtes Volumen, die Garantieschwelle, überschritten hat, die zusätzlichen Produktionskosten ganz oder teilweise selbst tragen.

Eine Abwandlung ist das Quotensystem, das zur Beseitigung der Milchüberschüsse seit Frühjahr 1984 angewandt wird.

Ein anderer Weg sollte die Beteiligung der Erzeuger an den Kosten sein, die für Lagerung oder Verkauf von Überschußmengen entstehen. In diesem Falle wird von einer Mitverantwortungsabgabe gesprochen. Diese wurde bereits 1977 für die Milch eingeführt.

Alle Maßnahmen führten jedoch bisher nicht zu dem gewünschten Erfolg, mit Ausnahme der Milchmengenregulierung.

Derzeit werden verschiedene Möglichkeiten der Preis-, Markt- und Strukturpolitik diskutiert, um das Problem der Agrarüberschüsse zu lösen. Ein zufriedenstellendes Ergebnis wurde bis heute noch nicht erzielt.

Auf der Brüsseler Tagung vom 11. bis 12. Februar 1988 beschloß der Europäische Rat für den Getreidemarkt die Einführung einer Garantiemenge von je 160 Millionen Tonnen, für die Jahre von 1988 bis 1992. Bei Überschreitung sollen der Garantiepreis um drei Prozent gesenkt und zusätzlich eine dreiprozentige Mitverantwortungsabgabe erhoben werden. Für Ölsaaten und Eiweißpflanzen wurde die Einführung einer Garantiemenge vereinbart. Weitere Beschlüsse waren eine Vorruhestandsregelung für Landwirte und ein Flächenstillegungsprogramm.

4.3 Die Europäische Gemeinschaft im Welthandel

Annähernd 60 Prozent ihres Außenhandels wickeln die Mitgliedsländer der EG untereinander ab. Die Gemeinschaft steht im Welthandel sowohl bei den Exporten als auch bei den Importen an erster Stelle. Der Rückgang von 1958 23,3 Prozent Welthandelsanteil auf 20 Prozent 1987 wird auf das Hervortreten Japans zurückgeführt.

Seit 1. Januar 1973 gehört der Abschluß von Handelsverträgen in den alleinigen Zuständigkeitsbereich der EG-Organe. Jedoch werden weitgehende Kooperationsverträge, die auch handelspolitische Fragen berühren, noch weiterhin von den nationalen Organen der Mitgliedsstaaten abgeschlossen. Bis heute wurden zahlreiche Freihandels-, Präferenz- und andere Handelsverträge auf der Basis der "Römischen Verträge" geschlossen . Die Handelsbeziehungen kann man unterscheiden nach solchen mit marktwirtschaftlichen Industrieländern, jenen mit den Staatshandelsländern und anderen mit den Entwicklungsländern.

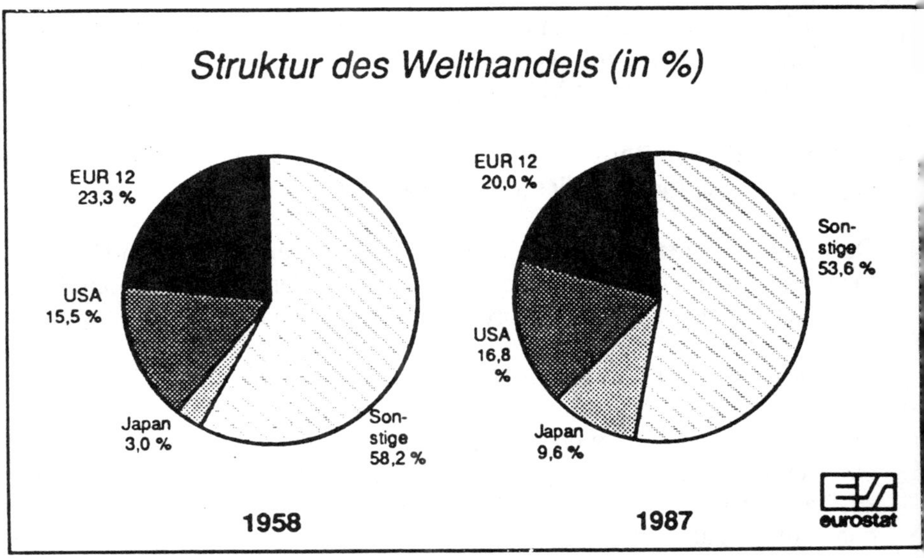

aus: Perspektive 1992. Monatlicher Brief zum Europa ohne Binnengrenzen, Nr. 2/1989, Beilage

4.3.1 Die Handelsbeziehungen der EG mit den marktwirtschaftlichen Industriestaaten

Die Erleichterung der Beziehungen der EG mit den (westlichen) Industrieländern erfolgte vor allem im Rahmen des GATT (General Agreement on Tariffs and Trade), eines Abkommens, das auf eine größtmögliche Öffnung des Welthandels abzielt. Durch GATT werden die Zölle gesenkt, mengenmäßige Beschränkungen aufgehoben und andere Handelshemmnisse gelockert. Innergemeinschaftlich war die erste gemeinsame Aktivität die Schaffung eines Gemeinsamen (Außen-)Zolltarifs, der am 1. Juli 1968 in Kraft trat. Die Industriestaaten mit marktwirtschaftlicher Ordnung sind dabei die bedeutendsten Handelspartner.

Besondere Beziehungen bestehen zu den EFTA-Staaten. Um nach einem Übertritt Großbritanniens und Dänemarks am 1. Januar 1973 von der EFTA zur EG einen Bruch zwischen EG-Staaten und den anderen noch verbleibenden EFTA-Staaten zu verhindern, und weil der Umfang des Handels zwischen Großbritannien, Dänemark und den sieben Rest-EFTA-Staaten eine Wiedererrichtung von Handelsschranken zwischen diesen Ländern ausschloß, wurden mit diesen Staaten entsprechende Freihandelsabkommen geschlossen. Es wurde dadurch eine große europäische Freihandelszone geschaffen, in der Zölle und Beschränkungen für gewerbliche Produkte, jedoch nicht für Agrarprodukte abgeschafft wurden. Zur Zeit werden Gespräche über eine Intensivierung der Zusammenarbeit zwischen EG und EFTA unter dem Aspekt der Vollendung des Binnenmarktes geführt.

4.3.2 Die Handelsbeziehungen der EG zu den Staatshandelsländern Osteuropas

Die Beziehungen zwischen der EG und den Staatshandelsländern waren anfänglich überschattet von der negativen Einstellung des Ostblocks zum westeuropäischen Einigungsprozeß. Dies drückte sich u. a. aus in der Weigerung, die Existenz der Gemeinschaft überhaupt anzuerkennen und Beziehungen oder auch nur Kontakte mit den Gemeinschaftsinstitutionen zu unterhalten oder in dem Versuch, in Angelegenheiten, die ausschließlich in der Kompetenz der EG-Institutionen lagen, nur mit den Mitgliedsstaaten der EG zu verhandeln. Eine Änderung trat hier erst 1972 ein. Im März sprach der Generalsekretär der KPdSU, Breschnjew, in einer Erklärung von der Bereitschaft, die Realitäten in Westeuropa anzuerkennen, wenn dies von Seiten des Westens ebenso für Osteuropa geschehe. Auf ihrer Pariser Gipfelkonferenz vom Oktober 1972 erklärten die Staats- und Regierungschefs der Gemeinschaft ihre Bereitschaft, in Fortführung ihrer Politik der Entspannung und des Friedens mit den Ländern Osteuropas gemeinsame Handelsbeziehungen aufzunehmen. Von diesem Zeitpunkt an war eine gewisse Auflockerung zu verzeichnen.

Bereits 1972 bekundete Rumänien sein Interesse am Zugang zum Allgemeinen Präferenzsystem der EG, der ihm 1973 gewährt wurde. Mit Rumänien, Ungarn, Polen, Bulgarien und der Tschechoslowakei wurden ab 1976 verschiedene Abkommen in Teilbereichen - Textil, Schaf- und Ziegenfleisch, Stahlprodukte (wie mit der Sowjetunion und der DDR) - abgeschlossen. 1980 wurde mit Rumänien ein erstes Handelsabkommen über gewerbliche Produkte getroffen.

Seit dem 1. Januar 1975 ist allein die Gemeinschaft berechtigt, Verhandlungen über den Warenaustausch mit den Staatshandelsländern zu führen. Bis zum Abschluß von Handelsabkommen zwischen der Gemeinschaft und den einzelnen Staatshandelsländern und zwecks Wahrung der Kontinuität des Warenverkehrs mit diesen Ländern verabschiedete der Ministerrat am 27. März 1975 autonome Einfuhrregelungen gegenüber diesen Ländern.

Seit mehr als zehn Jahren bestehen Kontakte zwischen der EG und dem Rat für Gegenseitige Wirtschaftshilfe. 1978 wurden zwischen der EG-Kommission und dem RgW-Sekretariat Verbindungen aufgenommen, die jedoch 1981 wieder zum Stillstand kamen. Eine neue Phase der Beziehungen begann im Juni 1984 mit dem RgW-Gipfel. In dessen Abschlußerklärung wurde die Bereitschaft zu einem Abkommen zwischen RgW und EG erklärt. Nach verschiedenen Kontakten und Gesprächen zum Teil auf höchster Ebene (wie z. B. im Frühjahr 1985 zwischen Generalsekretär Gorbatschow und dem italienischen Ministerpräsidenten Craxi) fanden im September 1986 und im März 1987 zwei Expertengespräche zwischen EG-Kommission und RgW-Sekretariat über den möglichen Inhalt einer Gemeinsamen Erklärung zur Aufnahme offizieller Beziehungen statt. Nach weiteren Gesprächen wurde am 25. Juni 1988 in Luxemburg ein Kooperationsabkommen unterzeichnet. Dadurch wurden Weichen für eine engere Zusammenarbeit zwischen EG und RgW gestellt. Parallel zu den Verhandlungen zwischen EG und RgW fanden in der Zwischenzeit auch Expertengespräche zwischen der EG-Kommission und allen europäischen RgW-Mitgliedsstaaten über die Normalisierung der bilateralen Beziehungen sowie über die Möglichkeit bilateraler Handelsvereinbarungen statt. Bis heute spielten die RgW-Staaten mit einem Anteil am EG-Außenhandel von weniger als zehn Prozent keine bedeutende Rolle.

Am 19. September 1989 wurde mit Polen ein Abkommen über Handel und handelspolitische sowie wirtschaftspolitische Zusammenarbeit, am 26. September 1989 ein umfassendes Wirtschaftsabkommen mit Ungarn, am 19. Oktober 1989 ein Handelsabkommen mit der Tschechoslowakei und am 18. Dezember 1989 mit der Sowjetunion ein Handels- und Kooperationsabkommen abgeschlossen. Auch die DDR möchte mit der EG bald ein Handels- und Kooperationsabkommen abschließen. Zu letzterem erteilte der Rat der Außenminister am 21. Dezember 1989 der Kommission ein Mandat.

Das Abkommen z. B. mit der UdSSR sieht eine Laufzeit von zehn Jahren vor und soll zur Verbesserung und Intensivierung der Wirtschaftsbeziehungen beitragen. So ist unter anderem vorgesehen, sich gegenseitig die Meistbegünstigungsklausel zu gewähren und bei der friedlichen Nutzung der Kernenergie zusammenzuarbeiten. Die EG erklärt sich dazu bereit, mit Ausnahmen von Kohle und Stahl, die Einfuhrbeschränkungen für einen großen Teil der Industrie- und Agrarprodukte aus der UdSSSR abzubauen. Im Gegnzug sichert die Sowjetunion Geschäftsleuten aus EG-Staaten eine leichtere Geschäftsanbahnung und die Lockerung der strengen Bestimmungen für die Lizenz- und Devisenzuteilung zu. Ferner kam man überein, Gemeinschaftsunternehmen zu fördern, sowjetische Manager im Westen auszubilden und sich über den technischen Fortschritt und den Stand der Wissenschaften gegenseitig regelmäßig zu informieren.

Insgesamt beginnen sich die Beziehungen der Gemeinschaft im Zuge der Reformprozesse in Osteuropa zu verändern: In Straßburg wurde eine Erklärung zu Mittel- und Osteuropa verabschiedet. Diese soll Grundstein einer Ostpolitik der EG sein, die die Gemeinschaft seit Öffnung der Berliner Mauer (am 9. November 1989) in zahlreichen Konsultationen und Treffen vorbereitet hat. Die Zwölf versprechen im Lichte eines sich wandelnden Ost-West-Verhältnisses, die Länder, die den Weg demokratischer Veränderung beschritten, zu unterstützen und die Zusammenarbeit mit ihnen auszuweiten. Der französische Staatspräsident François Mitterrand regte die Einrichtung einer "Europabank" zur wirtschaftlichen Entwicklung der notleidenden Länder Mittel- und Osteuropas an. Die Bank soll u. a. Anlageinvestitionen sowie Möglichkeiten zur Verbesserung der Wettbewerbsfähigkeit in Ungarn, Polen und anderen reformbereiten Ostblockländern fördern, damit der Übergang zu marktwirtschaftlichen orientierten Volkswirtschaften erleichtert und die strukturellen Anpassungen beschleunigt werden. Als Startkapital sind 20 Milliarden DM vorgesehen. Daran sollen sich auch Drittländer wie die USA, Japan und die Schweiz aber auch die begünstigten Länder selbst beteiligen.

4.3.3 Die Beziehungen der EG zu den Entwicklungsländern

Die EG ist der größte Handelspartner aller Länder der Dritten Welt und auch der größte Geber an öffentlicher Entwicklungshilfe. Mit vielen Ländern hat die EG in verschiedenen Abkommen spezielle Vereinbarungen getroffen, und zwar mit dem A(frikanisch) K(aribisch) P(azifischen)-Staaten sowie mit den Mittelmeerländern.

Die EG und die AKP-Staaten

Für die Gemeinschaft bildeten die Entwicklungsländer, besonders die afrikanischen, seit Gründung der EWG einen Schwerpunkt ihrer Außenbeziehungen. Einige der Gründungsmitglieder, Frankreich und Belgien, hatten zum Zeitpunkt der Gründung und danach zu ihren (früheren) Kolonien besondere Beziehungen. In Art. 132 EWGV ist ein Assoziierungsmechanismus für diese Länder vorgesehen. Dadurch sollen die beiden grundlegenden Ziele erreicht werden:

- Anwendung desselben Systems, das die Mitgliedsstaaten aufgrund des Vertrages untereinander anwenden, auf den Handelsverkehr zwischen den Mitgliedsstaaten der EG und den assoziierten Staaten;
- Beteiligung der Mitgliedsstaaten an den Investitionen, welche die fortschreitende Entwicklung dieser assoziierten Länder erfordert.

Die Jaunde-Abkommen

Am 20. Mai 1963 wurde in **Jaunde**, der Hauptstadt Kameruns, ein erstes Abkommen zwischen der EWG und 18 assoziierten afrikanischen Staaten sowie Madagaskar abgeschlossen, das am 29. Juli 1969 durch ein zweites Jaunde-Abkommen (Jaunde II) ergänzt wurde. Mit den Abkommen von Jaunde wurden der Außenzoll für tropische Erzeugnisse gesenkt, Finanzhilfen über den Europäischen Entwicklungsfonds und die Europäische Investitionsbank vereinbart. In Jaunde II wurde außerdem ein besonderer Reservefonds geschaffen, aus dem fallweise Interventionen bestritten werden konnten, wenn die Weltmarktpreise eines für ein assoziiertes Land lebenswichtigen Erzeugnisses stark fallen sollten.

Mit dem Beitritt Großbritanniens zur Europäischen Gemeinschaft 1973 erhöhte sich die Zahl der Entwicklungsländer, die Assoziierungsabkommen mit der EG anstrebten. Zudem war die Laufzeit von Jaunde II, das von den beteiligten Enwicklungsländern als unzureichend kritisiert wurde, bis 1975 begrenzt. Neuverhandlungen waren also notwendig geworden.

Die Lomé-Abkommen

Seit der ersten UNCTAD-Konferenz 1964 wurden immer wieder auf entsprechenden internationalen Konferenzen Forderungen nach einer Neuordnung der Weltwirtschaftsordnung, insbesondere im Rohstoffbereich, laut. So waren schließlich die Entwicklungsländer bestrebt, diese neuen Forderungen in die neuen Verhandlungen mit der EG aufzunehmen. Dies geschah auch in den bisher drei **Lomé-Abkommen** (Lomé I 1975: 46 AKP-Staaten; Lomé II 1979: 60 AKP-Staaten; Lomé III 1984: 66 AKP-Staaten). - Diese Abkommen sind nach der Hauptstadt des westafrikanischen Staates Togo benannt.

Die Regelungen der Lomé-Abkommen betreffen die Handelspolitik, den Rohstoffsektor, die finanzielle sowie die industrielle Zusammenarbeit. Insgesamt sind für die Laufzeit von Lomé III (1985 - 1990) im Rahmen des Europäischen Entwicklungsfonds Mittel in Höhe von 7,4 Milliarden ECU (umgerechnet ca. 15,3 Milliarden DM) und für zinsverbilligte Mittel der Europäischen Investitionsbank 1,1 Milliarde ECU (umgerechnet ca. 2,3 Milliarden DM) vorgesehen. Der Europäische Entwicklungsfonds dient der Finanzierung von Maßnahmen in den assoziierten Ländern. Wurden zunächst nur Investitionen zur Verbesserung von Infra-Strukturen unterstützt, so ist der Fonds seit dem Lomé-Abkommen ebenfalls zur Finanzierung von Industrie- und Agrarvorhaben vorgesehen. Eine Sonderabteilung des Europäischen Entwicklungsfonds bestreitet die sich aus dem STABEX-Mechanismus ergebenden Maßnahmen.

Die Handelspolitik der EG mit den AKP-Staaten

Auf Fertigwarenimporte aus den AKP-Staaten werden in der EG keine Zölle erhoben. Agrarprodukte können zu ca. 95 Prozent ohne Einfuhrbeschränkungen in die EG exportiert werden. Bei sogenannten sensiblen Produkten, Erzeugnissen, die auch in der EG produziert werden, und bei denen die europäischen Erzeuger Probleme bei ungehinderten Importen hätten, gelten Beschränkungen. Für die AKP-Staaten bestehen aber bei diesen Produkten, wie z. B. Zitrusfrüchten, Fleisch, Getreide, Präferenzregelungen, die ihnen Handelsvorteile gegenüber Dritten einräumen. Die Gemeinschaft hat sich des weiteren verpflichtet, trotz hoher Selbstversorgung, jährlich bis zu 1,3 Millionen t Zucker zu einem Preis abzunehmen, der dem Binnenmarktpreis der EG entspricht. In der handelspolitischen Zusammenarbeit zwischen AKP- und EG-Staaten gilt der Grundsatz der Nichtgegenseitigkeit. Das heißt: Die AKP-Staaten müssen der EG keine gleichen Vergünstigungen einräumen. Die AKP-Staaten können jedoch einen großen Teil dieser handelspolitischen Vereinbarungen noch kaum in ausreichendem Maße nutzen, da die Produktion der verarbeitenden Industrie noch sehr gering ist.

Die Rohstoffpolitik der EG mit den AKP-Staaten

Das wichtigste Element der Lomé-Verträge ist das System zur Stabilisierung der Exporterlöse (STABEX). Dieses dient zum Ausgleich von Exporterlösschwankungen bei 44 landwirtschaftlichen Produkten (Baumwolle, Erdnüsse, Kaffee, Tee, Kakao etc.), bei denen die Höhe der Nachfrage auf den Weltmärkten und die Höhe der dafür gezahlten Preise von Jahr zu Jahr höchst unterschiedlich sind. Folgende beiden Voraussetzungen müssen erfüllt sein, damit ein AKP-Staat Ausgleichszahlungen erhält:

- Der Export des Rohstoffes, dessen Erlöse stabilisiert werden sollen, muß einen bestimmten Anteil am Gesamtexport haben, das Land von dem Export abhängig sein;
- die Erlösschwankung muß einen bestimmten Stellenwert überschreiten.

Die Abhängigkeit und Auslöseschwelle wurde in Lomé III allgemein auf 6 Prozent und für die am wenigsten entwickelten, sowie die Binnen- und Inselländer auf 1,5 Prozent festgelegt. Das bedeutet: Beträgt der Anteil des Exportguts mehr als 6 bzw. 1,5 Prozent so ist eine Abhängigkeit gegeben. Bezugsniveau zur Berechnung der Erlösschwankungen ist der Durchschnittserlös der vergangenen vier Jahre. Fällt nun der Exporterlös für einen bestimmten in die EG exportierten Rohstoff durch Preisschwankungen auf dem Weltmarkt unter diesen Durchschnittswert und ist die geforderte Abhängigkeit gegeben, so zahlt die EG auf Antrag einen Ausgleichsbetrag (Differenz zwischen Durchschnittspreis der vergangenen vier Jahre und dem aktuellen Erlös) in Form eines zinsgünstigen Darlehens. Von den am wenigsten entwickelten Ländern müssen diese nicht zurückgezahlt werden.

Neben diesem STABEX-System enthält Lomé III noch einige weitere stabilisierend wirkende rohstoffpolitische Elemente:

- Der Mineralienfonds (Sysmin) stellt bei Erlösausfällen für mineralische Rohstoffe: Kupfer, Cobalt, Mangan, Phosphat, Bauxit, Zinn und Eisenerz Mittel für Projekte im Rohstoffsektor bereit.
- Botswana, Kenia, Madagaskar, Swasiland können eine bestimmte Menge Rindfleisch in die EG liefern, wobei nur ein geringer Teil der Abschöpfung erhoben wird.
- Wie schon dargestellt, garantiert das Zuckerprotokoll den Rohstoffproduzenten den Export von jährlich 1,4 Millionen t Zucker zu den in der EG gültigen Preisen, die beträchtlich über den Weltmarktpreisen liegen.

Kritik an Lomé

Die Lomé-Abkommen erfuhren nicht nur eine gewisse Anerkennung, sondern auch Kritik. So wird eingewandt, daß die Regelungen für die EG keine großen Zugeständnisse bedeuten würden. Nur 1 Prozent der EG-Einfuhren bestanden aus Fertigwaren aus AKP-Staaten. Für zahlreiche Agrarprodukte gelten auch weiterhin Importbeschränkungen. Weitere Kritik gilt der fehlenden Verwendungskontrolle, dem großen Anteil an Zuschüssen, der geringen Rückzahlungsverpflichtung. Dies alles begünstige strukturelle Ungleichgewichte, statt daß diese behoben würden. Ferner muß die unzureichende finanzielle Ausstattung des STABEX-Systems kritisiert. Die für die Stabilisierung vorgesehenen Mittel reichten infolge sinkender Preise für viele landwirtschaftliche Rohstoffe nicht aus.

Auf dem Weg zu Lomé IV

Im Februar 1990 soll der vierte Lomé-Vertrag in Kraft treten. Die weitgespannten Erwartungen der AKP-Staaten an die bisherigen Lomé-Abkommen auf Verbesserungen vor allem im Handelsbereich konnten nicht erfüllt werden: Seit 1975 sank der Anteil dieser Ländergruppe kontinuierlich von 7,3 Prozent bei den Exporten auf 4,8 Prozent, von 7,4 Prozent auf 4,1 Prozent bei den Importen ab. Mit Ausnahme von 1982 konnten die AKP-Staaten dennoch einen Handelsbilanzüberschuß verzeichnen. Auf Kritik stieß das STABEX-System, wo in mehreren Jahren die zur Verfügung gestellten Mittel nicht ausreichten und die EG sich in Fragen zusätzlicher STABEX-Mittel und verbesserter Exportmöglichkeiten auch für Agrarprodukte wie Tomaten, Erdbeeren, Rindfleisch nach Auffassung der AKP-Staaten sehr kleinlich zeigte. Besorgt zeigten sich die AKP-Staaten während der Verhandlungen über den Europäischen Binnenmarkt. Sie befürchten, daß dadurch ihre bevorzugte Stellung geschmälert würde. Ferner befürchten sie, daß sie dem verstärkten Wettbewerb nicht gewachsen seien und neue EG-Importregelungen die Anpassungsfähigkeit ihrer Wirtschaft und Verwaltung überfordern.

Bei den Verhandlungen zu Lomé IV waren fünf Themenbereiche umstritten:

1. Vorgeschlagen wurde eine unbefristete Laufzeit dieses Abkommens. Dadurch müßten nur noch bestimmte Protokolle in festgelegten Zeitabständen erneuert werden.
2. Im Handelsbereich verlangten die AKP-Staaten von der EG größere Zugeständnisse, Agrarprodukte in die EG einführen zu können, wie z. B. Tomaten aus Senegal, Rindfleisch aus Botswana. Ferner werden zur verstärkten Einstellung auf den Binnenmarkt von den AKP-Staaten Strukturhilfen gefordert.
3. In Lomé IV sollte auf Wunsch der AKP-Staaten ein neues Kapitel zur Verschuldung aufgenommen werden. Zur Zeit hat diese Ländergruppe ca. 170 Milliarden DM Schulden. Die gesamte Finanzhilfe von Lomé III beträgt dagegen nur 19 Milliarden DM.
4. Die EG-Staaten wollten die Menschenrechtsfrage in Lomé IV einbeziehen. Die AKP-Staaten traten ebenfalls für die Achtung der Menschenrechte ein, befürchteten allerdings eine zu starke Einmischung der Europäer in ihre inneren Angelegenheiten.
5. Bedeutend war die Frage einer weiteren Erhöhung der Finanzhilfe. Hier geht man von einer Steigerung um die Hälfte der nach Lomé III zur Verfügung stehenden Mittel aus.

Auf beiden Seiten war die Haltung nicht in jedem Punkt einheitlich. Auf Seiten der EG-Mitglieder plädierten die Mittelmeerländer, die eine Konkurrenz bei Zitrusfrüchten befürchteten, für eine Ausweitung der Finanzhilfen, die nördlichen EG-Mitglieder dagegen für größere Zugeständnisse im Handelsbereich.

Am 15. Dezember 1989 unterzeichneten 68 Staaten Afrikas, der Karibik und des Pazifiks mit der EG das vierte Lomé-Abkommen. Dieses hat erstmals eine Laufzeit von zehn Jahren, vom 1. März 1990 bis Ende Februar 2000. Die Finanzprotokolle sollen allerdings nach fünf Jahren neu ausgehandelt werden.

Lomé IV enthält eine Reihe neuer Bestimmungen:

- Die Finanzmittel werden von 19 Mrd. DM (Lomé III) auf 24,6 Mrd. DM aufgestockt.
- Besondere Bedeutung wird auf die Möglichkeit einer Unterstützung der wirtschaftlichen Sanierung der Staatsfinanzen der AKP-Staaten gelegt. Deren Anstrengungen für Strukturanpassungen will die EG mit zusätzlichen Finanzmitteln und technischem Know-How unterstützen.
- Lomé IV enthält ein neues Kapitel zur Verschuldungsfrage. Hier leistet die Gemeinschaft technische Hilfe.
- Die Mittel zur Stabilisierung der Rohstofferlöse (STABEX und Sysmin) werden in Lomé IV nur noch als nicht rückzahlbare Zuschüsse gewährt.
- Der Export von Giftmüll und radioaktiven Abfällen aus der EG in die AKP-Staaten wird verboten. Dies ist die wesentliche Neuerung in dem erweiterten Umweltkapitel.
- Die bereits in Lomé III enthaltenen Regelungen zum Schutz der Menschenrechte sind in Lomé IV noch weiter konkretisiert.

Erstmals muß das Europäische Parlament aufgrund der Änderung durch die Einheitliche Europäische Akte vom Juli 1987 den Ergebnissen zustimmen, bevor Lomé IV in Kraft treten kann.

Die Beziehungen der EG zu anderen Entwicklungsländern

Für die asiatischen Entwicklungsländer gilt das "Allgemeine System der Zollpräferenzen für Entwicklungsländer", das die EG 1971 als erster Handelspartner einführte.

Für die gewerblichen Waren gilt dabei der Grundsatz, daß die Einfuhren in die Gemeinschaft zollfrei sind. Aber dieses Prinzip wird dadurch erheblich eingeschränkt, daß dies nur innerhalb bestimmter Grenzen (Kontingente) wirksam ist. Diese fallen umso knapper aus, je sensibler die Waren sind. Bei nichtsensiblen Waren können die Zölle bei Erreichen des Kontingents auf Beschluß der Kommission wieder in Kraft gesetzt werden. Bei besonders sensiblen Produkten treten die Zölle automatisch wieder in Kraft.

1980 schloß die EG Kooperationsabkommen mit den ASEAN-Staaten (Brunei, Indonesien, Malaysia, Philippinen, Singapur und Thailand),

1981 mit Indien, 1983 mit den Anden-Pakt-Staaten (Bolivien, Ecuador, Kolumbien, Peru und Venezuela), 1984 mit Nord-Jemen, 1985 mit China, Pakistan und den zentralamerikanischen Staaten. Mit Mexiko und Brasilien wurden ebenfalls bereits Kooperationsabkommen vereinbart.

Die Beziehungen der EG zu den Mittelmeerländern

Im Mittelmeerraum schloß die EG verschiedene Assoziierungsabkommen ab: So sehen die Abkommen mit der Türkei (1963), Malta (1970) und Zypern (1972) die stufenweise Errichtung einer Zollunion vor. In den Jahren 1976 und 1977 wurden Abkommen über handelspolitische, industrielle, technische, soziale und finanzielle Zusammenarbeit mit Algerien, Marokko, Tunesien, Ägypten, Jordanien, Libanon und Syrien unterzeichnet. In ihnen wurde insbesondere der freie Zugang für gewerbliche Waren und Agrarpräferenzen vorgesehen. 1975 wurde mit Israel ein Freihandels- und Kooperationsabkommen geschlossen. Bisher haben von allen Anrainerstaaten des Mittelmeeres lediglich Libyen und Albanien keinerlei Abkommen mit der Gemeinschaft unterzeichnet.

4.4 Forschungs- und Technologiepolitik

Bei einer gemeinsamen Forschungs- und Technologiepolitik geht es um die Wettbewerbsfähigkeit Europas mit den USA und Japan. Ausgangspunkt der Aktivitäten der EG im Bereich der Forschung und Entwicklung war der Euratom-Vertrag, der sich nur auf den nuklearen Sektor beschränkte. Beim Aufbau dieser Gemeinschaft wurde ein gemeinsames Forschungszentrum, die Gemeinsame Forschungsstelle (GFS), geschaffen, die zur friedlichen Nutzung der Kernenergie Forschungen im Energiebereich in ihren vier Forschungsanstalten in Ispra/Italien, Karlsruhe, Geel/Belgien und Petten/Niederlande betreibt. Die unterschiedlichen Ziele der damals sechs Mitgliedsländer auf dem Atomsektor, verschiedene Auffassungen über technische Grundentscheidungen, führten im Laufe der sechziger Jahre dazu, daß eine Einigung über den Euratom-Haushalt immer schwerer wurde. Auch über die Vorrangigkeit der verschiedenen Arbeiten von Euratom konnte immer weniger eine Einigung erzielt werden. So geriet diese Gemeinschaft immer mehr in eine schwere Krise.

Eine Änderung trat erst in den siebziger Jahren ein: Am 19. Januar 1974 verabschiedete der Ministerrat eine Entschließung über die "Koordinierung der einzelstaatlichen Politiken und der Definition der Aktionen von gemeinschaftlichem Interesse im Bereich Wissenschaft und Technologie." Damit begann im Grunde die erste Phase einer gemeinsamen europäischen Forschungspolitik, die nun nicht mehr allein auf den Nuklearbereich beschränkt war. Auf der Basis von Art. 235 EWGV, der ein Tätigwerden der Gemeinschaft auf bisher nicht im Vertrag vorgesehenen Gebieten unter gewissen Voraussetzungen ermöglicht, wurden von diesem Zeitpunkt an schrittweise neue Forschungs- und Entwicklungsprogramme entworfen.

Anfang der achtziger Jahre bekamen die verschiedenen Einzelprogramme ein erstes Rahmenprogramm mit den wissenschaftlich-technischen Zielen sowie Auswahlkriterien für gemeinschaftliche Aktionen, dem weitere Rahmenprogramme folgen sollten. Ziel dieser Rahmenprogramme ist jeweils eine Steigerung der Effizienz durch Koordinierung auf verschiedenen Ebenen (national und gemeinschaftlich).

Mit der Einheitlichen Europäischen Akte soll die europäische Forschungs- und Technologiepolitik in eine zweite Phase treten. Der Schwerpunkt steht nun in einem engen Bezug zu dem Ziel der Verwirklichung des Binnenmarktes bis Ende 1992: die Stärkung der industriellen Wettbewerbsfähigkeit und ihre wissenschaftlich-technische Basis. Die EG will dabei jedoch nicht nationale Forschungspolitiken ersetzen und auch keine supranationale Forschungsplanung betreiben.

Die Forschungspolitik der EG steht in einem Spannungsbogen zwischen den nationalen Politiken und den internationalen Organisationen. Dies wird deutlich bei den Verhandlungen um das neue Rahmenprogramm. Nach Auffassung der Bundesrepublik Deutschland, Frankreichs und Großbritanniens lassen sich viele Aktionen besser auf nationaler Ebene durchführen. Nach Auffassung dieser drei Mitglieder nämlich soll die EG die Projekte fördern, die von keinem EG-Staat alleine durchgeführt werden können.

Das erste Rahmenprogramm umfaßt insgesamt acht Aktionsebenen, von denen zwei wichtige **ESPRIT** und **BRITE** sind. ESPRIT gilt als wegweisendes Beispiel eines europäischen Forschungsverbundes, und zwar im Bereich der Informationstechnologien. Es bezieht sich auf Grundlagenforschung und deren Anwendung in der Informatik, auf Mikroelektronik,

Software, Bürotechnik, rechnergestützte Planung und Fertigung. Ebenso wie ESPRIT konzentriert sich auch BRITE auf den wettbewerblichen Forschungsbereich und wird in enger Zusammenarbeit mit der Industrie durchgeführt. BRITE, Grundlagenforschung für industrielle Technologie, gilt der Lasertechnologie, neuen Werkstoffen, der Elektrochemie und der Katalyse. Die europäische Industrie soll dadurch in die Lage versetzt werden, neueste Fertigungstechnologien zur kostengünstigeren Produktion benutzen zu können.

1985 entstand das Programm **EUREKA**. Es soll den Bedarf an Zukunftstechnologien zur Bewältigung der drängenden Probleme im zivilen Bereich besser abdecken. EUREKA soll im High-Tech-Bereich Produktivität und Wettbewerbsfähigkeit der europäischen Industrie auf dem Weltmarkt verbessern. EUREKA ist jedoch nicht direkt bei der EG angesiedelt. Die EG kann jedoch als Partner an Projekten teilnehmen. Im Rahmen der EUREKA-Projekte können die beteiligten Unternehmen und Forschungsinstitute ihre Programme und Partner selbst bestimmen. 18 Staaten sind derzeit an EUREKA beteiligt.

Als Zukunftsperspektive wird die Schaffung einer europäischen Technologiegemeinschaft gesehen. Unter Technologiegemeinschaft wird dabei das Durchsetzen gemeinsamer europäischer technischer Normen, die Verbesserung der internationalen Zusammenarbeit im Forschungsbereich, auch mit Drittländern, sowie eine verstärkte Zusammenarbeit europäischer Firmen untereinander verstanden. Ob dies gelingt, hängt u. a. wesentlich von der Beseitigung nationaler Egoismen ab.

5 "EUROPA" - MEHR ALS NUR EINE IDEE?

Am 25. März 1987 wurden EWG und Euratom 30 Jahre alt, die EGKS ist nahezu sechs Jahre älter. Diese drei Gemeinschaften waren auf ihre Art eine Institutionalisierung des bereits seit Jahrhunderten gepflegten Europagedankens, dessen großes Ziel neben anderen der Frieden in Europa war und ist. Je weiter sich "Europa" jedoch vom Zweiten Weltkrieg entfernt, umso mehr scheinen die ursprünglichen Ideen und Antriebskräfte zu verblassen, die in den Widerstandsbewegungen während des Zweiten Weltkrieges gewachsen, von vielen jungen Menschen nach dem Kriege enthusiastisch aufgenommen und von zunächst sechs Staaten in einem Integrationsprozeß mit der Gründung der EGKS, der EWG und der Euratom aufgenommen wurden. Damit verbunden war nach bedeutenden Rückschlägen mit dem Scheitern der Gründung der Europäischen Politischen Gemeinschaft und der Europäischen Verteidigungsgemeinschaft bei den Gründungsvätern der EWG die Idee, daß die wirtschaftliche Verflechtung quasi eine politische zwangsläufig ergebe.

Hinter diesem Integrationswerk steht auch heute noch neben der Idee einer starken Friedensgemeinschaft die einer ebenso starken Solidargemeinschaft. Letztere scheint aber verkommen zu einem krisengeschüttelten Krämerclub, in dem jeder peinlichst um den größtmöglichen eigenen, nationalen Vorteil feilscht.

Eine kritische Bilanz des gegenwärtigen Zustandes der Europäischen Gemeinschaft kann nicht übersehen, daß sich die Politik der europäischen Einigungsbemühungen derzeit in einer Phase der Stagnation befindet. Dies ist u. a. darin begründet, daß die EG-Verträge es nicht vermochten, den harten Kern einzelstaatlicher Politik aufzubrechen. Spätestens seit dem "Luxemburger Kompromiß" 1966, der das Prinzip der Mehrheitsentscheidung außer Kraft setzte, geriet die EG in eine Krise. Hinzu kam noch, daß jede Erweiterung der Gemeinschaft, zunächst von sechs auf neun (1973), dann von neun auf zehn (1981) und schließlich von zehn auf zwölf (1986) Mitglieder, den Interessenausgleich und die Konsensbildung innerhalb der EG erschwerten. Zu verschieden war der Entwicklungsstand der "alten" und der "neuen" Mitglieder. Und es bleibt abzuwarten, wie sich eine mögliche Erweiterung der Europäischen Gemeinschaft auf den Integrationsprozeß auswirken wird. Am 14. April 1987 stellte die Türkei offiziell ihren Antrag auf EG-Mitgliedschaft. Mitte Dezember 1989 entschied die Kommission, daß die Türkei vorerst nicht als Vollmitglied in die EG aufgenommen werden soll. Als Gründe wurden ein starkes Wohlstandsgefälle, ferner große Unterschiede in der sozialen Sicherung auf dem Arbeitsmarkt sowie im gesamten politischen und kulturellen Leben genannt. Die Kommission schlug vor, das Assoziierungsabkommen durch ein Angebot zur Kooperation zu erweitern. Aber auch in Europas Norden und Mitte, in Norwegen und in Österreich, wird über einen EG-Beitritt nachgedacht. In Österreich, wo vor allem die Wirtschaft einen Vollbeitritt zur Europäischen Gemeinschaft von der Bundesregierung fordert, wurde in einem völkerrechtlichen Gutachten festgestellt, daß ein Vollbeitritt Österreichs zur EG mit dauernder Neutralität nach dem österreichischen Bundesverfassungsgesetz von 1955 vereinbar sei (Neue Züricher Zeitung, Nr. 70, 26. März 1987). Am 17. Juli 1989 überreichte der österreichische Außenminister Mock in Brüssel den Beitrittsantrag Österreichs. - Vor 1993 ist jedoch mit Verhandlungen über die Neuaufnahme von Mitgliedern nicht zu rechnen.

Eine kritische Bilanz darf aber weder die bisherigen Erfolge der Europäischen Gemeinschaft übersehen, noch außer Acht lassen, daß es bestimmt mehr als 30 Jahre bedarf, um höchst unterschiedliche politische, wirtschaftliche und soziale Denkweisen und Strukturen in den zwölf Mitgliedsstaaten anzugleichen und die Zwölf zu solidarischem Handeln zusammenzuführen.

Momentan steht die Gemeinschaft an einem Scheideweg: Entweder dauert die Stagnation fort und gefährdet das bisherige Ergebnis europäischer Einigungsbemühungen oder es kommt zu einer Weiterentwicklung der EG zu einer politisch handlungsfähigen Gemeinschaft, wobei die Frage ob Föderation oder Konföderation zumindest in den nächsten Jahren keine Rollen spielen wird. Ansätze zur Weiterentwicklung der EG zu einer politisch handlungsfähigen Gemeinschaft wurden mit der Einheitlichen Europäischen Akte unternommen, die u. a. eine Verbesserung des Entscheidungsprozesses innerhalb der Gemeinschaft zum Ziel hat. Dabei wird jedoch bald auch der Zeitpunkt der kritischen Anfrage an die demokratische Legitimation der Europäischen Institutionen erreicht sein. Insbesondere betrifft dies die Kommission und die Stärkung der Kompetenzen des Europäischen Parlaments hin zu den Legislativbefugnissen eines "normalen" Parlaments.

Letztlich ist die Weiterentwicklung der EG im angesprochenen Sinne nicht in einem großen Sprung, sondern vielmehr in wirksamen kleinen Schritten denkbar. Notwendig ist hierzu aber auch ein stärkeres Gemeinschaftsbewußtsein und Gemeinschaftsengagement aller politischen Parteien, aller gesellschaftlichen Gruppierungen und letztendlich von jedem der 325 Millionen EG-Bürger.

Eine neue Dimension in der "europäischen Entwicklung" ist durch die Reformprozesse im östlichen Europa entstanden. Durchaus denkbar könnte nach Erfüllung entsprechender politischer Voraussetzungen eine Erweiterung der EG durch Staaten dieses Teils Europas sein. eine Sonderrolle wird dabei die DDR nach Inkrafttreten der Wirtschafts- und Währungsunion zwischen beiden deutschen Staaten spielen.

Insgesamt dürfte die politische Bedeutung der EG, u. a. auch durch die Initiierung der "Europäischen Bank für Wiederaufbau und Entwicklung Osteuropas", zunehmen.

DATEN DER EUROPÄISCHEN EINIGUNG

1950	*9. Mai.* Der französische Außenminister Robert Schuman schlägt die Bildung einer Gemeinschaft für Kohle und Stahl vor.
1951	*18. April.* Belgien, die Bundesrepublik Deutschland, Frankreich, Luxemburg, Italien und die Niederlande gründen die Montanunion.
1952	*23. Juli.* Der EGKS-Vertrag tritt in Kraft.
1954	*30. August.* In der französischen Nationalversammlung scheitern die Pläne für eine Europäische Verteidigungsgemeinschaft und damit auch der Plan zur Gründung einer Europäischen Politischen Gemeinschaft.
1955	*1. - 2. Juni.* Die Konferenz von Messina der sechs EGKS-Staaten beauftragt ein Ministerkomitee unter Vorsitz des Belgiers Henri Spaak, Vorschläge zur Weiterentwicklung der Interaktion nach dem Scheitern von EVG und EPG auszuarbeiten.
1957	*25. März.* In Rom unterzeichnen Belgien, die Bundesrepublik Deutschland, Frankreich, Luxemburg, Italien und die Niederlande die Verträge zur Gründung der Europäischen Wirtschaftsgemeinschaft und der Europäischen Atomgemeinschaft.
1958	*1. Januar.* Die "Römischen Verträge" treten in Kraft. *3. - 12. Juli.* Auf der Konferenz von Stresa kommen die Staats- und Regierungschefs der EG-Staaten überein, eine Gemeinsame Agrarpolitik und Gemeinsame Marktordnungen gemäß dem EWG-Vertrag zu entwickeln.
1960	*4. Januar.* Großbritannien gründet mit sechs weiteren europäischen Staaten die Europäische Freihandelsassoziation EFTA.

1961 *31. Juli.* Irland stellt einen Antrag auf Mitgliedschaft in der EWG. 9. August bzw. 10. August. Großbritannien und Dänemark folgen.

1962 *14. Januar.* Durch Verabschiedung der ersten Marktordnungen beginnt der Gemeinsame Agrarmarkt.

1963 *14. Januar.* Durch das Veto des französischen Staatspräsidenten de Gaulle zum britischen EWG-Beitritt werden die Beitrittsverhandlungen unterbrochen.
20. Juli. Mit 17 afrikanischen Staaten und Madagaskar wird das erste Abkommen von Jaunde (Assoziierungsabkommen) geschlossen.

1965 *8. April.* Durch den Abschluß eines Fusionsabkommens wird die Einsetzung eines gemeinsamen Rates und einer gemeinsamen Kommission der Europäischen Gemeinschaft beschlossen.
1. Juli. Die Verhandlungen über die Finanzierung der Gemeinsamen Agrarpolitik scheitern. Die Gegensätze wegen der geplanten Einführung von Mehrheitsentscheidungen können nicht beseitigt werden. Frankreich bleibt den Verhandlungen des EWG-Ministerrates fern. Die EG gerät in eine schwere Krise.

1966 *28. - 29. Januar.* Durch den "Luxemburger Kompromiß" (Verzicht auf Mehrheitsentscheidungen) wird die Krise beigelegt.

1967 *10. Mai.* Großbritannien und Irland stellen jeweils einen Antrag auf EG-Beitritt. 11. Mai bzw. 24. Juli. Dänemark und Norwegen folgen.
1. Juli. Das Fusionsabkommen tritt in Kraft. Durch Zusammenlegung der Exekutivorgane entsteht die Europäische Gemeinschaft.

1968 *1. Juli.* 18 Monate früher als geplant ist die Zollunion für gewerbliche Waren, anderthalb Jahre später auch für landwirtschaftliche Produkte, vollendet. Gleichzeitig wird ein gemeinsamer Außenzoll eingeführt.

8. November. Der gemeinsame Arbeitsmarkt wird durch die Garantie der Freizügigkeit für Arbeitnehmer geschaffen.

1969 *29. Juli.* Zweites Abkommen von Jaunde.
1. - 2. Dezember. Die Gipfelkonferenz der Staats- und Regierungschefs in Den Haag beschließt u. a. die Einführung der Wirtschafts- und Währungsunion und Grundsätze zur außenpolitischen Zusammenarbeit sowie den Ersatz der bisher nationalen Finanzbeiträge durch Eigenmittel der EG. Ferner die Aufnahme von Beitrittsverhandlungen mit den beitrittswilligen Ländern.

1970 *21. April.* Der Ministerrat beschließt die Einführung eigener Einnahmen der EG.
27. Oktober. Die Außenminister einigen sich auf die Grundsätze und Verfahrensweisen der engeren politischen Zusammenarbeit.

1972 *22. Januar.* Die Verträge über den Beitritt Dänemarks, Großbritanniens und Irlands werden unterzeichnet.
19. - 21. Oktober. Die Gipfelkonferenz der Staats- und Regierungschefs in Paris beschließt den Ausbau der EG zur "Europäischen Union" bis 1980.

1973 *1. Januar.* Die EG hat die alleinige Kompetenz für die gemeinsame Außenhandelspolitik für alle neun Mitgliedsländer.

1974 *9. - 10. Dezember.* Die Gipfelkonferenz der Staats- und Regierungschefs beschließt u. a. die Einrichtung des Europäischen Rates.

1975 *28. Februar.* Das erste Lomé-Abkommen mit 46 AKP-Staaten wird unterzeichnet.

1978 *7. - 8. April.* Der Europäische Rat tagt in Kopenhagen, am 6. - 7. Juli in Bremen, am 4. - 5. Dezember in Brüssel und beschließt die Einführung des Europäischen Währungssystems.

1979 *28. Mai.* Die Beitrittsakte Griechenlands wird unterzeichnet.
7. - 10. Juni. Zum Europäischen Parlament finden die ersten Direktwahlen statt.
31. Oktober. Das zweite Lomé-Abkommen wird unterzeichnet.

1981 *1. Januar.* Griechenland wird zehntes EG-Mitglied.

1983 *17. - 19. Juni.* Der Europäische Rat in Stuttgart verabschiedet eine "Feierliche Deklaration zur Europäischen Union" und faßt einen Grundsatzbeschluß zur Reform der Haushaltsstruktur und der Agrarpolitik, zu neuen Gemeinschaftsaufgaben und zur Erweiterung der EG um Portugal und Spanien.

1984 *14. Februar.* Das Europäische Parlament billigt den "Entwurf eines Vertrags zur Gründung der Europäischen Union".
14. - 17. Juni. Zum Europäischen Parlament findet die zweite Direktwahl statt.

1985 *2. - 3. Dezember.* Der Europäische Rat beschließt in Luxemburg den Inhalt der "Einheitlichen Europäischen Akte".

1986 *1. Januar.* Spanien und Portugal werden 11. bzw. 12. EG-Mitglied.
27. Januar. Die von der Mailänder Tagung des Europäischen Rats vom 28. - 29. Juni 1985 eingesetzte Regierungskommission legt die endgültige Fassung der "Einheitlichen Europäischen Akte" vor.
17. Februar. In Brüssel unterzeichnen die Außenminister von neun EG-Mitgliedern die "Einheitliche Europäische Akte".
28. Februar. Dänemark, Griechenland und Italien unterzeichnen in Brüssel die "Einheitliche Europäische Akte".

1987 *9. April.* Bis auf Irland haben alle EG-Mitglieder die "Einheitliche Europäische Akte" ratifiziert. In Dublin entscheidet

das Oberste Gericht, daß diese in Teilen der irischen Verfassung widerspreche und eine Volksbefragung notwendig sei.
26. Mai. Bei dem Referendum sprechen sich 69,9 Prozent der Iren für eine Ratifizierung der "Einheitlichen Europäischen Akte" aus. Die Wahlbeteiligung beträgt 43,8 Prozent.
10. Juni. In Spanien werden die Abgeordneten des Europäischen Parlaments direkt gewählt.
1. Juli. Die "Einheitliche Europäische Akte" tritt in Kraft.
19. Juli. In Portugal werden die Abgeordneten des Europäischen Parlaments direkt gewählt.

1988 *11. - 12. Februar.* Nachdem sich die Staats- und Regierungschefs auf ihrer Kopenhagener Tagung vom 4. - 5. Dezember 1987 nicht einigen konnten, beschließt der Europäische Rat auf einer Sondersitzung in Brüssel: 1. eine neue Finanzregelung, nach der für die effektiven Zahlungen der EG Eigenmittel zur Verfügung stehen sollen, die als Gesamtplafond 1,2 Prozent des Brutto-Sozialprodukts ausmachen (Finanzquellen: Zölle und zollähnliche Abschöpfungen im Industrie- und Agrarhandel mit Ländern außerhalb der EG, 1,4 Prozent Anteil aus dem Mehrwertsteueraufkommen, ein ergänzender zusätzlicher Teil auf der Basis des Brutto-Sozialprodukts); 2. Eine Aufstockung der Strukturfondsmittel von 1989 bis 1992 um je 1,3 Milliarden ECU und eine volle Verdoppelung 1993 gegenüber dem jetzigen Niveau von 7,4 Milliarden ECU, damit die strukturschwachen, wirtschaftlich rückständigen EG-Partner das Wohlstands- und Kaufkraftgefälle gegenüber den reicheren nördlicheren Partnern verringern können; 3. Im Agrarsektor für den Getreidemarkt die Einführung einer Garantiemenge von je 160 Millionen Tonnen von 1988 - 1992, bei deren Überschreitung der Garantiepreis um drei Prozent gesenkt und zusätzlich eine dreiprozentige Mitverantwortungsabgabe erhoben werden soll, ferner für Ölsaaten und Eiweißpflanzen die Einführung einer Garantiemenge sowie eine Vorruhestandsregelung für Landwirte und ein Flächenstillegungsprogramm.
25. Juni. Unterzeichnung eines Kooperationsabkommens zwischen EG und RgW in Luxemburg.
27. - 28. Juni. Der Europäische Rat beschließt auf seiner Tagung in Hannover die Einsetzung einer Arbeitsgruppe be-

stehend aus den Gouverneuren/Präsidenten der Zentralbanken und weiteren Experten zur Überprüfung der konkreten Etappen zur Verwirklichung der Wirtschafts- und Währungsunion und Unterbreitung entsprechender Vorschläge.

1988 *2. - 3. Dezember.* Der Europäische Rat beschließt auf seiner Tagung auf Rhodos eine "Erklärung zur internationalen Rolle der EG".

1989 *17. April.* Kommissionspräsident Delors stellt den Bericht zur Schaffung einer Wirtschafts- und Währungsunion in drei Stufen vor.

15. - 18. Juni. Wahlen zum Europäischen Parlament.

26. - 27. Juni. Der Europäische Rat beschließt in Madrid einen Vier-Punkte-Plan zur Währungsunion.

8. - 9. Dezember. Auf seiner Straßburger Tagung beschließt der Europäische Rat die Einberufung einer Regierungskommission im Dezember 1990 zur Vollendung der Wirtschafts- und Währungsunion. Ferner wird die Sozialcharta verabschiedet.

LITERATURAUSWAHL

BOCKLET, Reinhold (1984): Die Verfassungsentwicklung der Europäischen Gemeinschaft, In: Politische Studien, 274/1984, 1 - 12

BRACHER, Karl-Dietrich (1979): Europa in der Krise. Innengeschichte und Weltpolitik seit 1917. - Frankfurt

COUDENHOVE-KALERGI, Richard (1923): Paneuropa. - Wien

GROEBEN, Hans von der / MÖLLER, Hans (1976 f.): Möglichkeiten und Grenzen einer Europäischen Union. 6 Bde. - Baden-Baden

GROEBEN, Hans von der (1982): Aufbaujahre der Gemeinschaft. - Baden-Baden

HAAS, Ernest B. (1958): The Uniting of Europe. Political, social and economic forces 1950 - 1957. - London

HAAS, Ernest B. (1968): Beyond the nation state. - Stanford

HALLSTEIN, Walter (1979): Die Europäische Gemeinschaft. 3. Auflage. - Düsseldorf

JANSSEN, Thomas /1986): Europa: Von der Gemeinschaft zur Union. Strukturen, Schritte, Schwierigkeiten (=Mainzer Beiträge zur Europäischen Einigung, Bd. 6). - Bonn

LIPGENS, Walter (1977): Die Anfänge der Europäischen Einigungspolitik 1945 - 1950. Bd. I: 1945 - 1947. - Stuttgart

LIPGENS, Walter (1983): Die Europäische Integration. 2. Auflage - Stuttgart

LIPGENS, Walter (1974): Europäische Integration. In: Richard LÖWENTHAL/SCHWARZ, Hans-Peter (Hrsg.) (1974): Die zweite Republik, 25 Jahre Bundesrepublik Deutschland - Eine Bilanz. - Stuttgart, 519 - 553

LIPGENS, Walter (Hrsg.) (1986): 45 Jahre Ringen um die Europäische Verfassung. Dokumente 1939 - 1984. Von den Schriften der Widerstandsbewegung bis zum Vertragsentwurf des Europäischen Parlaments. - Bonn

OSTKOLLEG der Bundeszentrale für politische Bildung (Hrsg.) (1985): Rat für gegenseitige Wirtschaftshilfe. Strukturen und Probleme. - Köln

SCHNEIDER, Heinrich (1977): Leitbilder der Europapolitk, Bd. 1: Der Weg zur Integration. - Bonn

SCHÖNDUBE, Claus (1981): Europa-Taschenbuch. 8. Auflage. - Bonn

SCHÖNDUBE, Claus (1982): Europa - Verträge und Gesetze. 5. Auflage. - Bonn

SCHÖNDUBE, Claus (1983): Das Europäische Parlament vor der zweiten Direktwahl. Bilanz und Perspektiven. - Bonn

SCHMUCK, Otto (1988): Vermittler zwischen Nord und Süd - Das Europäische Parlament und die Entwicklungspolitik. - Bonn

SCHUMAN, Robert (1963): Für Europa. - Hamburg/Genf/Paris

SCHWARZ, Jürgen (Hrsg.) (1980): Der Aufbau Europas. Pläne und Dokumente. - Bonn

WELTHUNGERHILFE, Deutsche (Hrsg.) (1985): Lomé III. 2 Bde. - Bonn

WEIDENFELD, Werner/WESSELS, Wolfgang (Hrsg.) (1981 f.): Jahrbuch der Europäischen Integration. - Bonn

WEIDENFELD, Werner/WESSELS, Wolfgang (Hrsg.) (1986): Wege zur Europäischen Union, Vom Vertrag zur Verfassung? - Bonn

WEIDENFELD, Werner (Hrsg.) (1985): Die Identität Europas. - München

Veröffentlichungen der Europäischen Gemeinschaften

EUROPÄISCHE GEMEINSCHAFTEN (1987): Die Gemeinsame Agrarpolitik und ihre Reform. - Luxemburg

EUROPÄISCHE GEMEINSCHAFTEN (1988): Die Gemeinschaft 1992: Ein Markt mit neuen Dimensionen. 2. Ausgabe. - Luxemburg

KOMMISSION DER EUROPÄISCHEN GEMEINSCHAFTEN (1985): Vollendung des Binnenmarkts. Weißbuch der Kommission an den Europäischen Rat. - Luxemburg

KOMMISSION DER EUROPÄISCHEN GEMEINSCHAFTEN (1986): Einheitliche Europäische Akte. In: Bulletin der Europäischen Gemeinschaften, Beilage 2/86. - Brüssel

EUROPÄISCHES PARLAMENT (1984): Entwurf eines Vertrages zur Gründung der Europäischen Union. - Luxemburg

FRAGEN

ZU KAPITEL 2

1. Welche historischen Wurzeln hat die Europa-Idee?
2. Welche Rolle spielten die USA bei dem westeuropäischen Einigungsprozeß nach dem Zweiten Weltkrieg?
3. Welche Ergebnisse erbrachte die europapolitische Diskussion der Nachkriegszeit?
4. Welche politischen Organe hat die EG und welche Funktionen üben diese au?
5. Welche "europäischen" Initiativen gab es neben der "westeuropäischen Integration" und welches Ziel verfolgten diese?

ZU KAPITEL 3

6. Welche Erfolge, welche Rückschläge, hatte die EG in den ersten zehn Jahren ihres Bestehens zu verzeichnen?
7. Warum fanden ab 1969 verschiedene Gipfelkonferenzen der Staats- und Regierungschefs statt?
8. Welche Ergebnisse hatte die europäische Integrationspolitik in den siebziger Jahren?
9. Welches Ziel verfolgt die Einheitliche Europäische Akte?

ZU KAPITEL 4

10. Welche Ziele werden mit dem Konzept des Europäischen Binnenmarktes verfolgt?
11. Welche Voraussetzungen sollen bis zur Verwirklichung dieser Ziele bis zum 31.12.1992 erfüllt sein?
12. Auf welchen Prinzipien baut der Gemeinsame Agrarmarkt auf?
13. Welche Bedeutung hat die EG im Welthandel?
14. Welche Bereiche betreffen die Regelungen der Abkommen von Lomé?
15. Was ist unter dem STABEX-System zu verstehen und wozu dient es?
16. Auf welcher Basis arbeitet die EG mit den Mittelmeerländern zusammen?
17. Welches Ziel verfolgt die gemeinsame Forschungs- und Technologiepolitik?

ANTWORTEN

1. a) Seit dem Mittelalter bis in das 19. Jahrhundert gab es eine ganze Reihe europapolitischer Entwürfe und Proklamationen, denen macht- bzw. friedenssichernde Motive zugrunde lagen. Seit der Begründung der klassischen Nationalökonomie war die "Europäische Idee" um die wirtschaftliche Ebene erweitert.
   b) In der Zeit zwischen Erstem und Zweitem Weltkrieg waren die Befürworter der Europaidee Graf Coudenhove-Kalergi, der 1923 die Pan-Europa-Union gründete, Briand und Stresemann. Friedenssicherung war auch ihr Motiv.
   c) Widerstandskämpfer und Exilpolitiker forderten bereits während des Krieges eine europäische Einigung, um durch Überwindung des Nationalstaatsprinzips den Frieden zu erhalten und zu festigen.

2. Die USA legten die Grundlage gemeinsamer europäischer Institutionen, indem sie die Vergabe von Marshall-Plan- und anderen Hilfsmitteln an die Bedingung knüpften, gemeinsame europäische Behörden zu schaffen. 1948 kam es zur Gründung der OEEC.

3. 1951 die Gründung der Montanunion; 1952 der EVG-Vertrag und 1953 den Entwurf zur Gründung der EPG. Nachdem EVG-Vertrag und EPG-Plan gescheitert waren, kam es 1957 zur Gründung von EWG und Euratom.

4. Die politischen Organe der EG sind: Kommission (Exekutive der Gemeinschaft), Ministerrat (Legislative), Gerichtshof (Judikative), Parlament (Anfragen, Recht zur Anhörung, Mitspracherecht bei Haushaltsbeschlüssen) und der Wirtschafts- und Sozialausschuß (Beratende Funktion in sozial- und wirtschaftspolitischen Fragen).

5. Neben der EG entstanden noch zwei weitere Zusammenschlüsse, die sich mit einer Zusammenarbeit auf wirtschaftlichem Gebiet befassen: 1949 der RgW, 1960 die EFTA.

6. Bis 1970 war die Zollunion für alle Waren verwirklicht und eine gemeinsame Agrarpolitik begonnen. Versuche, die politische Einigung voranzutreiben, sind fehlgeschlagen. Einen großen Rückschlag bedeutete der "Luxemburger Kompromiß", mit dem Mehrheitsabstimmungen als Prinzip der Entscheidungsfindung abgelehnt wurden.

7. Seit 1969 fanden eine Reihe von Gipfelkonferenzen der Staats- und Regierungschefs statt, um der Gemeinschaft nach der Lähmung durch den "Luxemburger Kompromiß" neue Impulse zur Weiterentwicklung der Integration zu geben.

8. Die Integrationsbemühungen der siebziger Jahre hatten die Einführung der Europäischen Politischen Zusammenarbeit der Außenminister, die Gründung des Europäischen Rats der Staats- und Regierungs-Chefs als neues Lenkungsorgan sowie die Gründung des Europäischen Währungssystems als Ergebnis. EPZ, Europäischer Rat und EWS sind dabei Einrichtungen, die in den "Römischen Verträgen" nicht vorgesehen waren.

9. Die Einheitliche Europäische Akte hat zum Ziel, die Entscheidungsfähigkeit der EG wieder herbeizuführen. Durch diese bedeutendste Reform der Europäischen Gemeinschaft werden EPZ, Europäischer Rat und EWS in das Vertragswerk aufgenommen.

10. Mit dem Konzept des Europäischen Binnenmarkts werden die vier Ziele - freier Personenverkehr, freier Warenverkehr, freier Dienstleistungsverkehr, freier Kapitalverkehr - mit dem Endziel Wirtschaftsunion angestrebt.

11. Bis zum 31. 12. 1992 sollen alle materiellen, technischen und steuerlichen Schranken zwischen den Mitgliedsstaaten der EG beseitigt sein.

12. Der Gemeinsame Agrarmarkt baut auf folgenden drei Prinzipien auf:
- Einheit des Marktes
- Gemeinschaftspräferenz
- Finanzielle Solidarität

13. Im Welthandel steht die EG an erster Stelle. Bedingt durch das Hervortreten Japans sank der Welthandelsanteil von 23,3 Prozent (1958) auf 20 Prozent (1987).

14. Die Abkommen von Lomé mit insgesamt 68 Staaten aus dem afrikanisch-karibisch-pazifischen Raum betreffen die Handelspolitik, den Rohstoffsektor, die finanzielle sowie die industrielle Zusammenarbeit zwischen AKP-Staaten und EG.

15. Das System zur Stabilisierung der Exporterlöse (STABEX) soll zum Ausgleich von Exporterlösschwankungen bei 44 landwirtschaftlichen Produktendienen, bei denen die Preise auf dem Weltmarkt enormen Schwankungen ausgesetzt sind, und wodurch sich negative Auswirkungen auf die Volkswirtschaft eines Landes ergeben, das von dem Export des betreffenden Produktes abhängig ist.

16. Basis der Zusammenarbeit der EG mit den Mittelmeerländern, mit Ausnahme Libyens und Albaniens, sind Assoziierungsabkommen. Assoziierung bedeutet, daß diesen Staaten in unterschiedlicher Weise im Handel mit der EG gewisse Handelserleichterungen gewährt werden.

17. Ziel der Gemeinsamen Forschungs- und Technologiepolitik ist die Stärkung der industriellen Wettbewerbsfähigkeit und ihrer wissenschaftlich-technischen Basis.

INDEX

NACHWORT

Nach Redaktionsschluß dieser 3. Auflage am 31. Dezember 1989 haben sich die Ereignisse in Europa, vor allem im östlichen Europa, förmlich überschlagen. Strukturen, die vier Jahrzehnte Bestand hatten, geraten ins Wanken oder zerbrechen und werden ersetzt. Davon betroffen sind auch übernationale Einrichtungen wie z. B. der Rat für gegenseitige Wirtschaftshilfe, dessen Zukunft offen ist.

Im westlichen Europa schreitet der Prozeß der europäischen Einigung voran: der Termin 31. Dezember 1992 mit der angestrebten Vollendung des Europäischen Binnenmarktes rückt näher und wird allmählich konkreter. Doch es scheint noch weiterzugehen: Mitte April 1990 setzten sich Bundeskanzler Helmut Kohl und Frankreichs Staatspräsident François Mitterand in einer gemeinsamen Botschaft an den amtierenden Ratspräsidenten, den irischen Ministerpräsidenten Charles Haughey, für das Inkrafttreten nicht nur der Wirtschafts- und Währungsunion, sondern auch der Politischen Union am 1. Januar 1993 ein.

Allem Anschein nach werden die neunziger Jahre zu dem bisher interessantesten und bedeutendsten Jahrzehnt in der europäischen Entwicklung.

Grundkurse zur politisch-sozialen Bildung

ISSN 0932-0997

Die Bände dieser Reihe bieten in verständlicher Form einen Überblick über wichtige politische und soziale Themenbereiche.

1 Braun, Helga: **Politikkurs I.** Einführung in das politische System der Bundesrepublik Deutschland. Zweite, überarbeitete Auflage, 1988. 121 S., ISBN 3-926406-17-8.

2 Gehl, Günter: **Europa.** Vergangenheit – Gegenwart – Zukunft. Dritte, aktualisierte und erweiterte Auflage. 1990. 154 S., ISBN 3-926406-44-5.

3 Berlo, Uwe H.: **Recht der DDR.** 1987. 118 S., ISBN 3-926406-03-8 (vergriffen).

4 Pfeiler, Wolfgang: **Das neue politische System der Sowjetunion.** 1989. 98 S., ISBN 3-926406-39-9.

Verlag Rita Dadder
Scheidter Straße 5A, D-6601 Saarbrücken-Scheidt